FACULTÉ DE DROIT DE PARIS

THÈSE

POUR LE DOCTORAT

PAR

EDMOND ROTH-LEGENTIL

AVOCAT

DU PARTAGE DES SOCIÉTÉS

En Droit Romain

DE LA LIQUIDATION DES SOCIÉTÉS COMMERCIALES

En Droit Français

CAMBRAI

IMPRIMERIE Vᵉ CARION ET Cᵉ, RUE DE NOYON, 9.

1882.

THÈSE

POUR LE DOCTORAT

FACULTÉ DE DROIT DE PARIS

THÈSE POUR LE DOCTORAT

DU PARTAGE DES SOCIÉTÉS

En Droit Romain

DE LA LIQUIDATION DES SOCIÉTÉS COMMERCIALES

En Droit Français.

L'acte public ci-après sera soutenu
le Mercredi 22 Mars 1882, à une heure

PAR

EDMOND ROTH-LEGENTIL

AVOCAT

Président : M. RATAUD

SUFFRAGANTS : MM. DUVERGER } Professeurs
GÉRARDIN
MICHEL
LAINÉ } Agrégés.

Le candidat répondra en outre aux questions qui lui seront faites sur les
autres matières de l'enseignement.

CAMBRAI

IMPRIMERIE Vᵉ CARION ET Cᵉ, RUE DE NOYON, 9.

1882.

A MES PROFESSEURS

———

A MES CONDISCIPLES

DROIT ROMAIN

DROIT ROMAIN

───

PARTAGE DES SOCIÉTÉS.

───

1. De longs préliminaires seraient ici superflus. Préciser l'objet de notre étude, brièvement établir la marche que nous comptons suivre dans l'exposé de la matière, voilà ce qui, dès l'abord, est nécessaire, voilà ce qui suffit, et c'est à quoi l'on nous permettra de nous tenir en commençant.

2. Bien que le partage de la société, au sens général du terme, ait été le but plus ou moins

Les citations de pages se réfèrent aux éditions de la Bibliothèque de la Faculté. — *H. t.* renvoie au titre le plus important de notre matière, *Pro Socio*, au Digeste, XVII, 2 ; *c. d.* au titre *Communi dividundo*, au Digeste, X, 3.

éventuel des associés (Cf. Maynz, 3ᵉ éd. n° 314, note 3), du jour même du contrat de société, bien qu'il ne soit que le résultat et la consécration de tous les rapports de droit nés de ce contrat, et qu'à ce point de vue il puisse paraître utile de nous étendre sur l'origine, les caractères et la mesure de tous ces rapports de droit, il nous faudra là-dessus nous montrer bien sobre de détails, pour ne nous appliquer qu'aux règles spéciales au partage, forcés que nous y sommes par le cadre restreint de notre travail, et encore, quant au partage, ne relèverons-nous que ce qui a une relation plus ou moins intime avec la matière des sociétés, sans embrasser toutes les règles relatives au partage en général. Nous ne pourrons non plus appuyer sur les principes applicables aux sociétés d'une nature toute particulière, telles que celles des publicains qui jouissaient de la personnalité morale : à elles seules, elles forment un sujet d'étude complet. Nous nous bornerons donc, après avoir rappelé les traits généraux du partage et ses causes dans la matière, si importante d'ailleurs, des sociétés ordinaires, *societates privatæ*, à étudier quel en est l'objet, à suivre le développement des opérations qui le préparent, à rechercher ensuite comment il s'effectue, à constater enfin ses effets.

CHAPITRE I.

DU PARTAGE DES SOCIÉTÉS ET DE SES CAUSES.

3. Tout partage suppose un état préalable d'indivision : nous n'avons pas à dire quelles peuvent être les causes d'indivision, il nous suffira de constater que le contrat de société peut en être une. En effet l'élément primordial de ce contrat, c'est la mise de quelque chose en commun par chacun des associés ; par où l'on voit que celui dont la mise ne consiste pas en une simple obligation personnelle est en état d'indivision avec ses coassociés. Cet état, il dure, et il doit durer aussi longtemps que la société, car la communauté n'est autre que l'instrument de gain de la société. Mais si celle-ci vient à se rompre, la communauté n'a plus de raison d'être, l'indivision

est sans cause. Et alors le principe qui accorde à tout ayant droit par indivis la faculté de sortir de cet état, et qui durant la société s'était trouvé sans force, ce principe, disons-nous, reprend tout son empire, et le partage devient possible à quiconque veut le demander.

4. De ce qui précède, il ne faudrait pourtant pas conclure que tout partage fût interdit au cours de la société. Rien absolument n'oblige les associés à ajouter à la communauté tous les bénéfices déjà retirés de son exploitation: les y forcer serait dans l'immense majorité des hypothèses aller contre leur volonté formelle : rien n'empêche donc les associés de les partager entre eux suivant leurs conventions. Mais ce qui de toute nécessité ne peut se produire durant la société, c'est le partage entre les associés de tous les biens sociaux : car ce serait détruire la communauté même qui est la base du contrat de société et sans laquelle il ne peut un seul instant subsister.

5. Donc, la cause normale du partage du patrimoine social, et l'unique cause possible de son partage total, c'est la cessation de la société. Mais, entendons-nous bien, c'en est la cause indirecte, c'est-à-dire, qu'elle enlève tout obstacle à l'application du principe fondamental que tout communiste peut sortir de l'indivision. La cause immédiate du partage, c'est purement et simplement la volonté qu'a ce communiste de ne plus être en état d'indivision. Qu'en principe, cette

volonté soit efficace, cela est hors de doute ;
*In communione vel societate nemo compellitur
invitus detineri.* 5, C, 3, 37 — 77, 20, D, 31. Mais
pour que son effet ne soit pas arrêté par le contrat
de société, il faut que ce contrat ait pris fin, et
c'est pour quoi il est indispensable d'indiquer au
moins les causes de dissolution des sociétés.

6. Sans chercher à les faire rentrer dans des
catégories méthodiques, ces causes de dissolution
sont :

1° L'expiration du temps pour lequel la Société
a été contractée, mais il ne paraît pas que cette
cause agisse de plano — 65, 6 h. t. — V. Deman-
geat, II, p. 376 — ;

2° L'achèvement de l'opération pour laquelle
elle a été contractée 65, 10 h. t. ;

3° La volonté commune de tous les associés.
65, 3 h. t. —

4° La renonciation d'un seul ou de plusieurs
des associés.

Mais si cette renonciation est faite à contre-
temps, *si emimus mancipia initâ societate,
deindé renuncies mihi eo tempore quo vendere
mancipia non expedit,* ou entachée de fraude,
pour éviter le partage d'un profit à réaliser, *si
cùm omnium bonorum societatem inissemus,
deindé cùm obvenisset uni hereditas, propter
hoc renunciavit,* (ibid.) ou si dans une société
in tempus elle est faite avant l'arrivée du terme
et sans raison légitime, 65, 6 h. t. etc., cette renon-

ciation n'opère dissolution ni absolument ni à
l'égard de tous. La vérité est que l'associé renon-
çant reste au moins éventuellement obligé comme
associé vis à vis de ses coassociés tandis que vis à
vis de lui-même. ceux-ci ne le sont plus, *qui
renunciavit a se liberat socios suos, se autem
ab illis non liberat*. C'est-à-dire que si l'hérédité,
en prévision de laquelle il a renoncé est avantageuse ses coassociés pourront exiger par l'action
Pro socio qu'il leur en fasse part suivant les conventions sociales et que, si dans l'intervalle qui
sépare la renonciation du terme, la société a subi
des pertes, par la même action ses coassociés
pourront l'obliger à les supporter selon les conditions du contrat. —

5° La mort d'un des associés, Inst. Just. III,
t. 25, par 5. Exception doit être faite, ceci soit
dit en passant pour les sociétés vectigales. 59
et 63, 8, h. t. —

6° La capitis deminutio, media aut maxima
de l'un des associés — La minima capitis deminutio elle-même dissolvait, auparavant, la société
— Gaïus, III, 153 — 58, 2 h. t. —

7° La publicatio ou confiscation générale des
biens d'un associé, même indépendamment de
toute capitis deminutio — 7, 4, et 14, 1, D, 48, 22 ; —

8° La Bonorum cessio que l'un des associés
serait réduit à faire à ses créanciers, Inst. Just ;
ibid par 8. — La Bonorum venditio, sous le système formulaire avait le même effet ; —

9° Tout évènement qui rend impossible la poursuite du but social : une loi survient qui prohibe l'objet de la société, 15 h. t., ou bien le fonds social est détruit ou à considérer comme tel. Sur ce dernier point, si la chose périe était la propriété d'un associé qui en avait seulement promis la jouissance, sans être essentielle à l'exploitation sociale, la société subsiste, mais l'associé est déchu de ses droits sociaux en proportion de la diminution de jouissance que subit la société. —

Les faits qui donnent occasion au partage en matière des sociétés étant connus, nous pouvons maintenant nous demander quel est son objet.

CHAPITRE II·

OBJET DU PARTAGE.

———

7. A un point de vue abstrait et absolument général, l'analyse du contrat de société nous y fait
voir deux éléments esssentiels et distincts : formation d'une communauté et poursuite d'un résultat commun. Sur le premier de ces deux éléments,
notons qu'il peut consister dans la mise en indivision d'objets corporels, comme aussi dans l'apport
en commun d'industries, d'obligations personnelles. Ces deux éléments subsistent superposés
l'un à l'autre durant tout le cours de la société.
Mais lorsque l'instant vient de réaliser ce résultat
cherché en commun, et d'anéantir en les réglant
définitivement tous les droits nés du contrat, on
n'a pas tout fait lorsqu'on a déclaré dissoute la
société. Cette déclaration ou le fait qui en tient

lieu, qu'atteint-il donc, et sur quoi porte-t-il ?
uniquement disons-nous sur cet élément du contrat de société qui est la poursuite d'un résultat
commun. Car, si la société n'est plus, les choses
sociales restent, la communauté primordiale subsiste et avec elle tous les droits actifs et passifs
engendrés par la vie sociale. Sans doute, si l'obligation personnelle de chacun des associés avait
fait tous les frais de cette communauté, la dissolution lui enlevant toute cause, elle s'éteindrait
de plano, et de ce chef on ne pourrait même pas
concevoir un partage. Mais, dans cette hypothèse
elle-même, en dehors de cas vraiment exceptionnels, n'y a-t-il pas à répartir entre tous les effets
du résultat obtenu, gain ou perte, et n'est-ce pas
là un partage ? Mais, cette hypothèse écartée
l'indivision est patente, et dans sa mesure, à tout le
moins, subsiste la société qu'un partage seul
anéantira désormais.

8. Donc, pour nous résumer, de même que deux
éléments constituent la société, de même son
extinction ne se réalise que par deux actes distincts : la dissolution qui arrête la poursuite du
but commun, et le partage, qui, cette poursuite
cessant, divise la communauté formée pour elle.

9. Mais quant à l'objet du partage, disons bien
vite que c'est là un sens purement théorique.
Suivant l'acception pratique, on entend par objet
du partage, l'allotissement des biens indivis entre
tous les associés, la division de chacun des meu-

bles ou des immeubles appartenant à la collectivité
entre chacun de ses membres. Dans ce sens, le
seul dont nous userons désormais, le partage porte
sur les biens sociaux indivis entre les associés,
biens que l'on peut diviser, eu égard à leur origine,
en apports et en bénéfices. Mais quelle peut être
la nature de ces biens indivis ? c'est là une
question, qui trouvera sa place au chapitre des
Opérations du partage. Et de même, nous ren-
voyons à la matière des prélèvements la question
de savoir si tous les apports faits par les associés
doivent faire partie de la masse à partager.

10. Il nous faut insister sur un point important,
sur un fait qui nous fournira la division de notre
matière, à savoir, l'indétermination de la masse
partageable. Lorsque les rouages du mécanisme
social cessent brusquement leur activité, comme
cela se passe d'ordinaire, la situation de la société
est le plus souvent compliquée, sinon incertaine
et obscure. L'actif et le passif visibles au premier
coup d'œil ne donnent presque jamais d'une
façon mathématique le résultat total des opérations sociales. De ce fait presque universel découle
la nécessité de procéder à la détermination de
l'actif net de la société, soit, de la masse partageable. Des rapports d'obligations ou de créances
peuvent exister entre les tiers et l'un des associés
dont celui-ci doive compte à ses coassociés ; les
mêmes rapports peuvent être nés entre les associés eux-mêmes. Logiquement donc, et suivant le

cours naturel des choses, l'extinction de toutes les
dettes ou créances qui ont pris naissance à l'occasion de la société doit précéder le partage. C'est
pourquoi nous allons de suite étudier les opérations préparatoires au partage, aujourd'hui
comprises sous le terme de « liquidation ».

CHAPITRE III.

OPÉRATIONS PREPARATOIRES AU PARTAGE.

—●●●—

11. Si le patrimoine commun n'avait donné lieu à aucune dette, non plus que la poursuite du but commun, ou bien si toutes les dettes et les créances sociales avaient été contractées conjointement par tous les associés, et que de l'un à l'autre d'entre eux aucune action n'ait pris naissance, peut-être pourrait-il être immédiatement procédé au partage. Mais le plus souvent il n'en est point ainsi.

12. D'abord, certains associés peuvent avoir à retirer de la communauté des apports qu'ils n'y avaient mis qu'à titre temporaire et seulement pour servir de moyen de production à la société. — Inversement, des associés peuvent avoir tiré

du patrimoine social, au cours de la société, un objet commun pour l'affecter à leur usage personnel ; ils peuvent même n'avoir pas complètement effectué leur apport : de là obligation pour eux de rapporter à la masse commune.

Ensuite un associé peut avoir contracté, pour la société soit une dette, soit une créance. Enfin il peut s'être mal acquitté de ses obligations d'associé, s'être rendu coupable de fautes, voire de dol ; d'autre part il peut avoir poussé son dévouement aux affaires sociales jusqu'à avancer ses propres deniers pour des opérations sociales, jusqu'à s'engager dans des entreprises difficiles et périlleuses qui ont été pour lui l'occasion de pertes sensibles ou de préjudices graves : et dans ces diverses hypothèses naissent de la société à l'associé et réciproquement des actions dont le règlement seul pourra fixer d'une manière précise l'avoir social, et par suite les droits de chacun dans le partage. — C'est à toutes ces hypothèses que nous devons maintenant consacrer quelques développements.

I. Prélèvements.

13. Lorsqu'un des associés, jouant exactement le même rôle qu'un tiers à l'égard de ses coassociés, a mis temporairement dans le patrimoine

commun une valeur quelconque, il doit être,
semble-t-il, dans la même situation qu'un tiers :
si donc, il n'avait pas abdiqué la propriété de sa
chose, il la reprendra en nature ; si au contraire
il avait aliéné cette chose, il exercera l'action née
du contrat contre ses coassociés, mais diminuée
de la part de la dette que finalement lui-même
comme associé devrait supporter.

14. Aurait-il pour sanctionner son droit une
autre action, l'action Pro socio ? en d'autres termes, à raison de la qualité respective des parties,
l'action Pro socio ferait-elle valoir toutes les
obligations entre associés, alors même qu'elles
devraient leur origine à un fait qui, par lui-même
et *abstraction faite de la société*, donnerait lieu
à une action ? C'est la théorie qui nous paraît
ressortir d'un passage de Maynz (4ᵉ éd. nᵒ 226 et
note 32) ; cet auteur s'appuie sur des textes qui
font concourir l'action Pro socio avec l'action
Communi dividundo, avec certaines actions pé-
nales ou mixtes, avec l'action Empti. — Nous ne
saurions admettre cette opinion, car aucun de ces
textes, et c'est ce qui suffirait pour nous voir
immédiatement nous y rallier, n'accorde l'action
Pro Socio là où le contrat de société n'est pas
entamé. Nous verrons en effet que le droit au
partage, exercé dans certains cas au cours même
de la société, ne peut l'être que par l'action Communi dividundo ; car le but direct, immédiat, de la
société est bien plus la production d'un résultat

commun que sa répartition. V. Maynz, n° 229,
note 3. — Que l'action Pro Socio concoure avec
l'action Furti ou Legis Aquiliæ, à cela rien
d'étonnant ; nous n'apprendrons rien à personne
en disant que voler la chose de ses coassociés ou
se rendre à leur égard coupable du délit de la loi
Aquilia, c'est aussi bien violer son contrat qu'at-
tenter aux principes fondamentaux qui régissent
les rapports des hommes entre eux. 45 et 47-51.
H. t. — Reste la loi 69, h. t., Lex damnata, où
l'action Pro Socio concourrait avec l'action Ex
Empto. Voici ce texte que nous ne désirons,
d'ailleurs, élucider que sur le point spécial qui
nous occupe : *Cùm societas ad emendum coire-*
tur, et conveniret ut unus reliquis nundinas, id
est epulas, præstaret, eosque a negotio (in nego-
tium, peut-on lire d'après Cujas) *dimitteret ; si*
eas non solverit, et Pro socio, et Ex vendito
cum eo agendum est. L'hypothèse n'est-elle pas
celle-ci : une société a été conclue pour faire des
achats ; et un associé promet de prendre à sa
charge toutes les nundinæ (nous laissons ce terme
sans traduction pour ne pas greffer sur notre
controverse une nouvelle discussion) ; des achats
sont faits, et ensemble naît une créance ayant
pour objet les nundinæ ; l'associé débiteur ne
s'exécute pas : Ulpien décide que deux actions
sont ouvertes contre lui : l'action Pro Socio et
l'action Ex Vendito. Pour expliquer ce texte, ne
peut-on pas dire, car où trouverait-on la preuve
du contraire ? que ces deux actions sont ouvertes

en faveur de personnes différentes : l'action Ex
vendito, en faveur du vendeur pour se faire payer
ce qui lui a été promis, et l'action Pro Socio en
faveur des associés contre leur coassocié qui s'est
engagé envers eux à les faire quittes de cette
créance. — Mais, lors même que l'on admettrait
que, toutes deux, elles reposent sur la tête des
associés, d'où pourrait-on conclure que l'action
Pro Socio sanctionne entre les associés tous les
droits même indépendants du contrat de société ?
Car il s'agit ici de faire valoir une clause du contrat de société, et nous n'avons jamais nié que
l'action Pro Socio ne tendît à l'exécution de toutes
les clauses de ce contrat. — Et, dans cette même
supposition, ne serait-il pas permis d'avancer que,
si les associés, outre l'action Pro Socio, ont contre
leur coassocié l'action Ex vendito (et non pas
l'action Ex empto, comme on l'a dit malgré l'opposition flagrante entre les mots *ad emendum* et
ex vendito), ils tiennent cette action en vertu
d'une cession fictive de la part du vendeur. —
Notons, pour terminer sur ce texte, une explication
de Molitor (n° 633). Il s'agirait dans la loi 69 d'une
société de commerce contractée à la condition que,
dès qu'il plairait à l'un des associés de rembourser
aux autres tout ce qu'ils auraient mis dans la
société, jusqu'aux frais d'auberge (nundinæ), cet
associé conserverait toute l'entreprise pour son
propre compte. Pour établir cette opinion, il faut
changer les mots, a *negotio dimitteret*, en ceux-ci
a *societate dimitteret*; il faut ne pas tenir compte

de ces autres mots, *ad emendum*, la décision
devant être applicable à toute espèce de sociétés ;
il faut considérer ce qui dans le texte est posé en
obligation ferme et certaine de l'associé, *cùm
conveniret ut unus reliquis præstaret*, comme la
condition d'un marché tout facultatif pour cet
associé : cela suffit pour nous la faire repousser.
Quoi qu'il en soit, même dans cette opinion, l'action Pro Socio n'est accordée que pour sanctionner
une clause du contrat de société. Cf. Cujas,
Observ. lib. 4, cap. 17 — Pothier, ad h.t., n° 41 —
Voet, ad. h. t. n° 18. — Notre théorie demeure
donc, car d'une part elle s'appuie sur un texte
formel, 41. h. t. sur lequel nous devons revenir,
et d'autre part, elle est en pleine conformité avec
le principe romain du caractère profondément
analytique et privatif de toute action. Cf. Ihering,
tome IV, par. 61.

15. Mais les prélèvements peuvent devoir leur
cause au contrat de société lui-même : Il est
certain que si le droit de prélever avait été formellement inséré parmi les clauses du contrat, le
respect dû aux conventions lui donnerait pleine et
entière liberté d'exercice 44 et 52, 7, h. t. —

16. Mais si là dessus rien d'exprès n'a été dit, il
peut néanmoins se faire que la volonté certaine
quoiqu'implicite des parties ait été qu'il y eût lieu
à prélèvement de la part des associés. Il est clair
que si l'un des associés apporte seulement à la
société la jouissance d'un immeuble, il aura lors

de la dissolution le droit de prélever son immeuble. Et de même en général si l'associé a apporté seulement la jouissance d'une chose qui ne se consomme pas par l'usage.

17. S'il en était autrement, si la chose apportée seulement en jouissance se détruisait par l'usage, il ressortirait pourtant de la convention au profit de l'associé le droit non pas de prélever sa chose, puisque en supposant qu'on en ait usé, elle n'existe plus dans le patrimoine social, mais de prélever une chose semblable, et ce droit, il l'aura dans tous les cas que la chose apportée ait ou non péri, car, la société, forcément devenue propriétaire est en même temps devenue débitrice d'un genre. Tandis que, dans l'hypothèse précédente où l'associé a gardé la propriété de sa chose, la perte en sera pour lui et non pour la société. Et cette différence sur le fond même du droit se retrouve dans son mode d'exercice : dans le premier cas en effet l'associé aura l'action du propriétaire, la Rei vindicatio ; dans le second, simple créancier, il exercera sa créance par l'action Pro Socio.

18. On a vu que l'apport d'une chose se consommant par l'usage n'emportait pas de plano renonciation au prélèvement : c'est que, pour décider si ce droit existe ou non, il faut surtout examiner si la chose a été envisagée comme moyen de production ; si à cette idée ne se joint pas la volonté de l'avoir en commun, on peut dire

que le droit au prélèvement existe. 58, pr., h. t.

Si, par ex., les associés ont apporté des choses fongibles de valeurs différentes, mais avec stipulation de parts dans les bénéfices non proportionnées aux mises, ou, ce qui revient au même, sans stipulation aucune de parts, car, alors elles seront viriles (v. infrà), on ne saurait présumer que les parties ont entendu avoir en commun, chacun en proportion de sa part, les capitaux apportés (Maynz, 3e éd., n° 314., note 10), et dès lors chacun aura le droit de prélever son apport. — Et encore si un associé a apporté des fonds et l'autre son industrie seule, et si dans le même laps de temps les produits des deux apports sont sensiblement égaux, il est évident que, l'industrie faisant retour à l'associé qui l'a apportée, du jour de la dissolution, les fonds apportés devront également être prélevés par celui de qui ils proviennent.

19. Mais, si un associé avait apporté à la société la propriété d'une chose non fongible, ou si tous les associés avaient apporté des choses fongibles, fût-ce en quantités différentes mais en stipulant des parts proportionnées aux mises, sans doute il n'y aurait pas lieu à prélèvement.

20. Les causes de prélèvements que nous venons d'étudier sont renfermées dans le contrat de société lui-même. Mais de ses conséquences en peuvent naître de nouvelles dont nous allons parcourir quelques exemples.

21. Nous avons déjà vu que la renonciation intempestive de l'un ou de plusieurs des associés leur enlevait tout droit aux bénéfices postérieurement acquis à la société. Inversement, leurs coassociés, avant le partage de l'ensemble du patrimoine social, auront donc le droit de prélever ces bénéfices pour se les partager entre eux.

22. Autre hypothèse : l'esclave commun acquiert ex re unius socii. Sans doute le bénéfice ainsi réalisé l'a été au profit de tous les associés, mais il a paru que la bonne foi exigeait que cet associé dont la chose avait profité à la société, eut la faculté de le prélever et cela au moyen de l'action Communi dividundo. 24, D, 10, 3. —

23. Nous verrons plus loin que l'associé qui ne remplit pas ses obligations sociales doit rapporter à la société tout ce dont sa faute a privé la société. Mais si son coassocié avait stipulé de lui, pour ce cas, une peine, avant tout partage, ce coassocié pourrait la lui réclamer, et ce, par l'action Ex stipulatu, et non par l'action Pro Socio. 41, h. t. C'est bien là la preuve que cette dernière action ne garantit pas tous les rapports de droit entre les associés (v. suprà). La peine ainsi obtenue est acquise à ce coassocié, et c'est en quoi elle constitue un prélèvement ; si elle ne suffisait pas pour le désintéresser du préjudice résulté de la faute de l'associé, c'est, pour le surplus, l'action ordinaire en rapport, l'action Pro Socio, qu'il lui faudrait intenter. 42, h. t. — Si la stipulation

intervenue avait nové la société, l'action Pro Socio en aucun cas ne pourrait naître. 71, h. t. —

24. L'on sait qu'au cas de société universelle, la dot constituée à l'associé marié est entrée dans le patrimoine social, mais toujours avec son caractère essentiel d'affectation aux charges du mariage : car ici c'est la société elle-même à qui ces charges incombent. Donc, si la société se dissout, le mari prélèvera la dot, non comme associé, mais comme mari, et ayant, pour cette qualité à subvenir aux charges du mariage. — Mais si la société n'est dissoute qu'après la dissolution du mariage, le mari n'ayant plus à supporter ces charges, ne pourra plus la prélever au moins à ce titre. Car, s'il était tenu de la restitution de la dot, il aurait, sans conteste, le droit d'en prélever le montant sur le patrimoine social, mais ce droit, dans tous les cas, ne naîtra qu'avec sa dette. 65, 16 h. t — S'il est certain que la dot ne pourra pas être répétée, soit pour le tout, soit pour partie, elle devra être partagée entre les associés à concurrence de cette partie ou du tout. 66 h. t. — Si dans une société il a été stipulé que les dots des filles des associés seraient constituées sur les biens sociaux, et qu'un des associés ait seulement promis une dot pour sa fille, puis soit mort : celle-ci pourrait-elle prélever le montant de la dot sur les biens de la société maintenant dissoute ? non, car la convention ne visait que la constitution de dot, et, d'autre part, *nequaquam imputari posse*

societati non solutam pecuniam. Si la dot avait été réellement comptée, la femme, le divorce survenu, aurait pu la répéter de son mari sans la rapporter à la société, parce que ce droit de retour lui était propre, et ne découlait d'aucune façon de sa qualité d'héritière de son père associé. 81, h. t. — Cf. Cujas, Comment. in. lib. IX Quæst. Papiniani.

25. Un associé a aussi le droit de prélever le montant des dépenses qu'il a faites pour la société, 52, 12 h. t. — Mais à quelles conditions ? Evidemment il faudra que ces dépenses aient été au moins utiles, et non point purement voluptuaires, 27, D, 3, 5 ; et encore qu'elles aient été faites communi nomine, car s'il en a été autrement, neminem mihi obligare volui, 14, 1, D, 10, 3. Mais il n'était pas nécessaire, au contraire de ce que nous verrons pour l'exercice de l'action Communi dividundo, qu'elles n'aient pas pu être faites pour partie 6, 2, D, 10, 3.

26. Outre le montant de ces dépenses, il peut en répéter les intérêts si la somme par lui dépensée avait été elle-même empruntée à intérêts, ou, au cas où elle a été tirée de sa propre caisse, s'il avait pu en la prêtant à un tiers en retirer des intérêts, 67, 2, h. t. — Mais l'action Pro Socio ne prendrait naissance qu'à raison des dépenses faites au cours de la société, 65, 13, h. t. (v. infrà).

27. Dans une hypothèse toute spéciale, lorsqu'un associé a réparé la portion de son coassocié

dans une maison commune, il jouit d'une action privilégiée, la Condictio ex lege, qui le fait préférer aux créanciers quant au principal et aux intérêts de sa dépense. S'il n'en est pas payé après quatre mois, il acquiert la propriété de la maison ; mais il peut s'il préfère simplement rentrer dans ses débours, intenter l'action Pro Socio. S'il agissait Condictione ex lege, il y aurait là un prélèvement d'une nature toute spéciale puisqu'il s'exercerait à l'encontre des créanciers sociaux 52, 10, h. t.

28. Un associé en gérant les affaires sociales a éprouvé un préjudice ; en s'opposant à la fuite des esclaves communs, il a été blessé, 60, 1, h. t. ; ou bien, allant au loin conclure des marchés pour la société, il est tombé dans les mains des brigands, 52, 4, h. t., et a perdu des biens à lui propres : tout cela sans qu'aucune faute ne lui soit imputable. Il pourra, par l'action Pro socio, demander à ses coassociés de supporter leur part du préjudice qu'il a souffert pour la société.

29. Notons que dans toutes les hypothèses qui précèdent si l'un des associés était insolvable, son insolvabilité devrait être supportée par les associés solvables , *quoniam tam lucri quam damni communio initur.* 67, h. t.

II. — Rapports.

30. La matière des rapports, dans l'acception générale du terme, est corrélative à celle des prélèvements. Un associé peut être débiteur de la société, et dès lors, cette dette qui fait partie de l'actif social doit y rentrer avant que l'on ne procède au partage. Ou sa dette a son origine dans un fait totalement indépendant du contrat de Société, et alors il sera passible de l'action née de ce fait, (v. suprà). Ou sa dette est inscrite au contrat de société lui-même, et alors, l'action Pro Socio sera ouverte contre lui. Ou enfin, elle n'est qu'une conséquence indirecte du contrat de société, et c'est de cette hypothèse, intéressante et présentant des faces multiples que nous allons maintenant traiter.

31. L'associé doit compte à la société de tous les gains qu'il a tirés des biens sociaux, sauf de ceux qui auraient une cause illicite. 53, h. t., c'est là le principe, qui dans l'application ne va pas sans quelques difficultés : ainsi de la question suivante. Titius, mon coassocié, est mort : je vends un bien commun conjointement avec Séius, son héritier apparent, et chacun de nous deux touche la moitié du prix : question : l'héritier réel pourra-t-il agir contre moi Pro Socio en partage de ce que j'ai touché ? Non, disait-on, car peu importe que j'aie vendu ma part isolément ou conjointement. Sans quoi, même si j'avais vendu avec mon véritable

associé, nous serions tenus de nous faire réciproquement raison de ce que chacun de nous aurait touché. Ce qui est vrai, c'est que je n'aurai aucun droit sur ce que l'héritier réel obtiendra de Séius, l'héritier apparent, par la Petitio hereditatis, et que, de même, l'héritier réel n'a aucun droit sur la portion du prix que j'ai touchée. Le profit que j'ai retiré de la vente était mon droit propre et mon coassocié n'aurait pu l'obtenir ni directement ni indirectement : comment son héritier pourrait-il dans ce but intenter l'action Pro Socio ? 62, h. t.

32. Ce qu'il faut retenir de l'hypothèse précédente, c'est que l'associé qui n'a touché que sa part dans le bénéfice réalisé n'en est pas comptable vis à vis de son coassocié, et surtout, n'est pas responsable de la négligence apportée par celui-ci dans la poursuite de sa part de bénéfice. — Car si un débiteur commun payait à l'un des associés sa part nominale, totale, dans la créance, et à l'autre, une partie seulement de ce qui lui revenait de droit, à raison de son insolvabilité survenue entre les deux poursuites, ce dernier pourrait recourir Pro Socio contre le premier, et par cette action obtiendrait qu'il lui fît part de ce qu'il aurait touché en plus que lui-même, *quasi iniquum sit ex eâdem societate alium plus, alium minus consequi.* 63, 5, h. t. — En d'autres termes si un débiteur doit 100 à deux associés, et s'il ne peut payer que 50, chacun des associés par rapport à l'autre ne doit ni ne peut avoir que 25 : c'est l'es-

prit même du contrat de société qui le veut ainsi.
Mais de là il est facile de voir quelle différence
sépare cette hypothèse de la précédente ; dans
celle-ci en effet, 100 étaient dus, et 100 ont été
payés ; en touchant 50, je n'ai pris que ce qui
m'était dû, et que ma part dans le prix réellement
payé ; si mon cocréancier laisse un tiers prendre
sa place et toucher sa part, il ne peut imputer sa
perte qu'à ce tiers et à sa propre négligence.
Aussi serai-je indemne. — L'une et l'autre décision ne sont-elles pas équitables? et ne pourrait-on
pas les faire rentrer dans cette formule : si une
créance sociale ne produit qu'un dividende, ce
dividende constitue, par rapport aux associés la
masse sur laquelle s'exerce le droit de chacun,
proportionnellement à sa part dans la société,
mais si cette créance est totalement payée, tout
associé qui n'y a pris que sa part ne peut plus être
inquiété.

33. Si un associé, traitant la caisse sociale
comme la sienne propre, y a puisé dans l'intérêt de
ses propres affaires, il doit évidemment restitution
à la société de tous les deniers qu'il en a retirés.
C'est là que se borne son obligation, lorsqu'il a
prêté, même à intérêts, les deniers sociaux en son
propre nom, hors le cas de societas totorum bonorum où tous les bénéfices sont communs, *quoniam sortis periculum ad eum pervenerit*, 67,
1 h. t. — Il devrait, au contraire, compte à ses
coassociés des intérêts qu'il aurait touchés, s'il

avait prêté les deniers sociaux au nom de la société, parce qu'alors c'est la société elle-même qui
supporterait le risque du capital. Cf. Cujas,
Observ. XXIII, 27.

34. Mais s'agit-il d'un associé *qui pecuniam
communem invasit*, c'est-à-dire comme enseigne
Pothier, *qui eam amovit animo defraudandi
socium parte quam in câ habet* : la plus grande
sévérité ne sera que justice à son égard. S'agit-il
aussi d'un associé *qui convertit in suos usus
pecuniam communem*, qui a employé les deniers
sociaux à payer ses dettes, ou à tout autre usage
excluant l'idée de risque ; dans ces deux cas,
disons-nous, les motifs de la décision favorable
pour l'associé de la loi 67, 1, disparaissent et s'ef-
facent devant des considérations supérieures, et
c'est pourquoi la faveur légitime due à la société
conservant tout son empire, l'associé débiteur de
la société devra des intérêts comme le décide la
loi 1, 1, D, 22, 1. *etiam morâ non interveniente*.

35. Ces derniers mots montrent bien qu'il n'est
en rien dérogé au principe qui veut que la demeure
emporte intérêts dans les contrats de bonne foi. Il
est pourtant sur ce point un texte difficile à expliquer, la loi 60 pr. h. t. : *Socium qui in eo quod
ex societate lucri faceret reddendo moram adhibuit, cùm eâ pecuniâ ipse usus sit, usuras
quoque eum prœstare debere, Labeo ait, sed non
quasi usuras, sed quod socii intersit moram eum*

*non adhibuisse : sed si aut usus eâ pecuniâ
non sit, aut moram non fecerit, contrà esse.* Pris
tel qu'il est, et dans son sens obvie, ce texte exige,
pour que les intérêts soient dus par l'associé, que
il soit en demeure, et qu'en outre il ait usé des
deniers sociaux ; si une de deux conditions fait
défaut, les intérêts ne seront pas dus. Ce texte
contredirait donc formellement et la loi 1, 1, D, 22,
1 et le principe universel que la mora emporte
intérêts dans les contrats de bonne foi. 32, 2, D,
22, 1 — Cf. Maynz, 3ᵉ éd. n° 267, note 4 — Pour
empêcher ce résultat, Cujas et après lui Pothier
ont lu : qui in eo... reddendo moram adhibuit, *aut
cùm eâ pecuniâ usus sit.* D'autres ont considéré le
membre de phrase *cùm eâ pecuniâ ipse usus sit,*
comme la simple énonciation d'un motif capable
d'occasionner les retards de l'associé. Et d'ailleurs
l'on peut remarquer que dans les motifs que
Labéon donne à sa décision, il n'est absolument
question que de la demeure de l'associé ; ce qui ne
nous éloignerait pas de penser que ce texte a été
l'objet d'un remaniement maladroit. Cf. Cujas,
Observ. XIII, 15.— Noodt, de Fœnore et Usuris,
lib. I. cap. 5. — Molitor, n° 651. — D'après Voet
(ad. h. t , n° 17) il faudrait distinguer le cas où
l'associé doit à la société la restitution de deniers
tirés de la caisse commune, du cas où il lui doit la
valeur du gain qu'il a retiré d'opérations sociales,
et dans cette dernière hypothèse les deux conditions exigées par la loi 60 prise sans correction
seraient absolument requises pour obliger à des

intérêts l'associé débiteur de la société. Mais cette distinction n'est pas clairement indiquée dans le texte, et ses conséquences n'en iraient pas moins contre tous les principes admis en matière de contrats de bonne foi. En résumé, pour nous, l'associé débiteur de la société doit des intérêts dans trois cas, lorsque 1) *adhibuit moram*; 2) *pecuniam communem invasit* ; 3) *eam convertit in suos usus.*

36. Autre cause de rapport : l'associé doit indemniser la société de tout le préjudice qu'il a pu lui causer soit par lui-même, 17 et 39, h. t, ; — soit par ceux dont il répond, 23, 1, h. t.

37. Si les cas fortuits ou de force majeure ne sont pas à sa charge, 52, 3, h. t. il doit s'abstenir de dol, d'abord, 52, 1, h. t,, et ensuite de toute faute, *committendo vel omittendo*, 52, 11 h. t. ; le manque d'activité, la simple négligence lui est reprochable, 72, h. t. — Mais l'associé est indemne toutes les fois qu'il a apporté aux affaires sociales la même diligence qu'aux siennes propres, parce que, dit le texte précité, *qui parum diligentem socium sibi adquirit, de se queri debet.* Il vaut mieux dire que c'est là un effet du *jus fraternitatis* qui est le principe fondamental des sociétés. Cf. Accaris n° 627. — Réserve doit être faite pour tous les cas où les parties se sont expliquées sur leur responsabilité respective.

38. Ce que la convention ne pourrait écarter comme cause de responsabilité, c'est le fait dolosif

23, D, 50, 17, ou délictueux. Si un associé se rend
coupable d'un vol à l'égard de la société, l'action
Furti, et l'action Pro Socio compéteront cumula-
tivement contre lui, 45, h. t. Cette dernière action
ne compéterait, au contraire qu'électivement avec
la Condictio Furtiva, 47, h. t. ; toutes deux, en
effet, sont purement persécutoires de la chose, et
c'est pourquoi chacune d'elles peut se cumuler
avec une action purement pénale comme l'action
Furti. On pourrait pourtant intenter l'action Pro
Socio, même après la Condictio Furtiva, *si pluris
intersit.*

39. Si le préjudice causé par l'associé rentre
dans le domaine d'application de la loi Aquilia,
l'action de cette loi naîtra et aussi l'action Pro
Socio, 47-49, h, t. ; mais concourront-elles cumu-
lativement ou électivement? Ne faut-il pas distinguer? Si toutes deux tendent ad simplum, ce sera
un concours purement électif, mais si l'action Legis
Aquiliæ est tam pœnæ quam rei persecutoria, ne
pourrait-on pas dire qu'elles concourront cumulati-
vement pour ce qu'elles n'ont pas de commun ? —
On sait que *in lege Aquiliâ levissima culpa
venit,* 44, D, 9, 2, et que dans l'action Pro Socio,
la faute est appréciée seulement in concreto : L'associé poursuivi par l'action Legis Aquiliæ peut-il
objecter que la loi de son contrat ne l'obligeait
qu'à l'abstention des fautes qu'il ne commettait
pas dans ses propres affaires ? Evidemment non,
car en le poursuivant par l'action Legis Aquiliæ

on n'invoque nullement le contrat de société, on se base uniquement sur l'*injuria* commise, et personne ne dira que l'*injuria* rentrait dans le contrat de société.

40. Notons enfin qu'aucune compensation ne saurait être admise entre, d'une part, les bénéfices qu'un asssocié a procurés à la société et, d'autre part, les pertes qu'il lui a fait éprouver : car la société avait aussi bien droit à ce que l'associé lui fournît son industrie qu'à ce qu'il respectât scrupuleusement les conventions sociales et les droits de la société. Et cela s'appliquerait même au cas où l'esclave de l'un des associés aurait été pour la société une cause de gains et de pertes, 25, h. t.

III. Communication d'actions, et Intervention de Cautions.

41. Nous avons toujours supposé, jusqu'ici, qu'il s'agissait d'opérations complètement terminées et liquides. Ainsi nous avons permis à tout associé de prélever ce qu'il avait payé pour la société : quid, s'il n'a fait que s'obliger, et si son obligation subsiste au moment de la dissolution ? — Ou encore, il a acquis une créance dont il doit compte à la société, et cette créance n'a pas encore été

payée à cette époque. La situation respective des
associés diffère alors grandement de celles que
nous venons d'étudier, relativement aux prélèvements des déboursés, et aux rapports des bénéfices réalisés ; et il peut importer que les prélèvements et les rapports dont il s'agit maintenant et
qui ont pour objet des choses futures s'accom-
plissent avant le partage de la société.

42. Il faut d'abord écarter les hypothèses où les
associés, ayant donné mandat à l'associé devenu
créancier ou débiteur des tiers, pourront agir
utiliter, ou seront tenus de même des actions nées
contre lui. Et de même pour les hypothèses où il
y a *negotiorum gestio*. — Mais en dehors de ces
cas, des obligations, actives ou passives, se ratta-
chant à la société peuvent exister sur la tête d'un
associé : pour opérer leur règlement, il faut les
diviser en deux catégories.

43. D'abord, les obligations pures et simples :
si l'associé jouit d'une créance de cette nature, il
pourra être contraint par l'action Pro Socio, à
l'exercer, et une fois réalisée, d'en communiquer
le bénéfice à ses coassociés. On a dit qu'il pouvait
être obligé par le juge à constituer ses coassociés
procuratores, chacun pour leur part : le juge de
l'action Pro Socio avait toute liberté de faire, ce
qu'eussent fait les associés eux-mêmes, s'ils s'é-
taient accordés. — Si l'associé est tenu d'une
pareille dette, il n'aura qu'à la payer immédiate-

ment pour pouvoir de suite exercer son recours par l'action Pro Socio contre ses coassociés.

44. Quant aux obligations à terme ou conditionnelles on comprend qu'il n'en pouvait être de même. Il est cependant certain qu'elles doivent être comptées à l'actif ou au passif de la société, 27 et 28, h. t. On les laissait donc subsister telles quelles, mais, d'une part, on assurait le recouvrement par l'associé, tenu à terme ou sous condition, de tout ce qu'il devrait payer pour ses coassociés, et, d'autre part, on assurait la communication à ses coassociés du bénéfice qui résulterait pour un associé de la créance à terme ou conditionnelle dont il jouissait : et l'on obtenait l'un et l'autre résultat par des *cautiones*. Nous pensons qu'il faut entendre par là les sûretés que le juge pensait les plus convenables au but à atteindre, et dont la nature, comme l'étendue, devait varier avec chaque espèce, 67, h. t. Cf. Ihering, par. 66.

45. Voilà les opérations préparatives au partage des biens communs aux associés. Avant que d'étudier ce partage en lui-même, il nous reste à esquisser le principal instrument de la liquidation, l'action Pro Socio.

IV. Caractères de l'action Pro Socio.

46. *Son objet*. D'une façon générale cette action

est donnée pour sanctionner tous les droits nés
du contrat de société. Quant au point qui nous
occupe, elle a pour objet d'éteindre toutes obligations personnelles nées de la société entre les
associés, ce qui la distingue profondément de
l'action Communi dividundo (V. Infrà.)

47. *Entre qui elle se donne* : en principe,
seulement entre associés, et c'est pourquoi elle
est refusée pour ou contre le croupier. — Mais, si
la société est dissoute par la mort d'un associé,
son héritier pourra être poursuivi par l'action Pro
Socio, et il pourra l'intenter, restreinte pourtant à
l'ante gestum, ou au *per defunctum inchoatum*
35, et 40, et 65, 9, h. t. — Si la société était dissoute par la *maxima capitis deminutio* de l'un
des associés, on pouvait agir utiliter par l'action
Pro Socio contre son maître ou contre le fisc ; et
de même, si c'était par la *media capitis deminutio*, ou l'associé était émancipé, et alors il fallait
distinguer *l'ante gestum*, pour lequel on donnait
contre le père l'action Pro Socio, dite *adjectitiæ
qualitatis*, de la masse des affaires sociales pour
toutes lesquelles le fils était tenu Pro Socio, 58,
2, h. t., ou bien il était adrogé : quant à *l'ante
gestum*, l'adrogé était poursuivi par l'action Pro
Socio obtenue au moyen d'une *restitutio in inte-
grum*, 2, 1, D, 4, 5 et Gaïus, IV, 38 ; quant au
postea gestum, l'adrogé et l'adrogeant étaient
respectivement tenus comme un *filius familias* et
un *pater familias*.

48. Une société a pu être contractée par un esclave
sur l'ordre de son maître : quid, si celui-ci vend l'esclave ? Il reste tenu des dettes antérieures, s'il n'a
pas vendu le pécule avec l'esclave, et, au même cas,
il garde pour lui les créances antérieures sans être
tenu de les transférer à l'acheteur. 58, 3, h. t. — 33,
2 et 33, D, 15, 1 — Cf. Pothier, ad. h. t n° 61 —
Maynz, t. I, page 526, note 2. — Enfin l'on peut
agir directement contre celui sur l'ordre ou avec
le fils de qui la société a été contractée, 84, h. t.
— Cf. Maynz.

49. *Sa nature.* C'est une action *in personam*,
*rei persecutoria, civilis, perpetua, utrinque di-
recta, et bonæ fidei.* — Intentée une seule fois,
elle peut servir au règlement de plusieurs sociétés
existant entre les mêmes personnes. Par contre, si
on veut la restreindre à quelqu'une des obligations
nées de la société, il faudra, pour prévenir son
extinction complète la faire précéder d'une *præs-
criptio.* Gaïus, IV,131 — Cf. Maynz, n° 62, t. I, p.
554 — Machelard, Obligat. natur., p. 388.

50. Il nous reste à parler de l'infamie encourue
par le condamné défendeur à l'action Pro Socio,
et du bénéfice de compétence dont il jouissait. —
L'infamie résultait de la condamnation portée en
vertu de l'action Pro Socio intentée victorieuse-
ment : le motif en découlait du *jus fraternitatis*
qui était la base même de la société, et dont la
violation mettait le coupable à l'égal d'un scélérat.
1, et 6, 6, D, 3, 2 — 22, C, 2, 12. C'est pourquoi

l'infamie n'a jamais lieu que si le défendeur est condamné *suo nomine* et s'est rendu coupable de dol. Cf. Accarias, n° 976.

51. Le jus fraternitatis dont nous venons de parler était également la cause du bénéfice de compétence accordé à l'associé. Et c'est là-dessus que se base la loi 63, h. t., pour l'attribuer à tout associé, de quelque société qu'il s'agisse. La loi 16, D, 42, 1 semble le réserver aux associés *omnium bonorum.* Ne peut-on pas trouver la conciliation de ces deux textes, tous deux d'Ulpien, dans la loi 22, 1, ibid : *Quod de sociis dictum est, ut et hi in quantum facere possunt condemnentur : causâ cognitâ se facturum Praetor edicit.* Cette *causæ cognitio* consistait sans doute à rechercher si le *jus fraternitatis* avait existé dans le contrat à un degré tel qu'il pût motiver une dérogation aussi exorbitante que le bénéfice de compétence, et cela constaté, si l'associé avait nié sa qualité, ou s'était rendu coupable de dol, ce qui certainement l'en aurait dépouillé. Cf. Machelard, Obligat. natur., p. 508, note 1.

52. Le bénéfice de compétence était personnel : l'héritier de l'associé, 25, D, 42, 1, son fidéjusseur, 63, 1 h. t., son père ou son maître, si celui-ci lui avait donné l'ordre de contracter la société, 63, 2, h. t., n'en jouissait pas, au contraire de son *defensor.* — L'associé poursuivi par l'héritier de son coassocié pouvait-il en exciper ? On peut argumenter a fortiori dans le sens de la négative,

de la loi 41, D, 42, 1, qui refuse ce bénéfice au donateur poursuivi par un autre que le donataire.

53. Le bénéfice de compétence est-il attaché à la qualité de *socius* ou bien à l'exercice de l'action Pro Socio ? Pour soutenir la première opinion, on a invoqué des textes formels en ce sens à l'égard du donateur. 41, 2, D, 42, 1 — 33, D, 39, 5. — Mais outre que l'on ne saurait assimiler l'associé au donateur, le silence des textes relativement à l'associé alors qu'ils accordent ce privilège au donateur *beneficio constitutionis*, nous est une raison suffisante pour le lui refuser. Et d'ailleurs, les Instituts, IV, t. 6, par 38, exigent expressément que l'associé soit poursuivi *judicio societatis*.

54. Il faut maintenant rechercher quelle était le *quatenus facere potest*, à concurrence duquel pouvait seulement être condamné l'associé. On doit se placer pour l'apprécier, *tempore rei judicandæ*, 63, 6. h. t., et prendre pour le constituer toutes les ressources dont à ce moment jouit l'associé, et en plus toutes celles dont, par dol, il a perdu la disposition, non celles dont la perte serait la conséquence d'une simple faute 63, 7, h. t., ni celles qu'il a manqué d'acquérir, 68, 1, h. t. On déduit de cette masse ce que l'associé devrait *ex ipsâ societate*, 63, 3, h. t., et non en général les dettes de l'associé. Enfin, au dernier état du droit, on doit laisser à l'associé des biens suffisants,

ne egeat, 173, D, 50, 17 — Cf. Pellat, Dot, 2ᵉ éd., p. 145 — Machelard, Obligat. natur., p. 504.

L'associé ainsi condamné, seulement *quatenùs facere potest* ne peut-il plus être inquiété par la suite ? L'associé demandeur par l'action Pro Socio pouvait exiger que le défendeur lui fît simple promesse *ejus quod facere non possit,* 63, 4, h, t. ; s'il ne l'avait pas exigé, tout moyen de coercition lui aurait manqué. (v. pourtant 8, C, 5, 18.)

CHAPITRE IV.

MODE DU PARTAGE.

---

55. Lorsque toutes les opérations dont nous venons d'essayer de décrire l'enchainement et le jeu sont parachevées, lorsque tous les rapports de droit qui se rattachent à l'idée de société prise dans son sens le plus compréhensif ont été définitivement réglés par l'exercice de l'action Pro Socio, ou bien il n'existe même plus de communauté, et alors, évidemment, il ne saurait y avoir lieu à partage, ou bien la communauté subsiste et c'est sa division entre tous qu'il nous faut maintenant étudier.

56. Voyons d'abord qui pouvait la demander : en principe, tout communiste, mais comme le partage comportait une aliénation il fallait avoir pour le provoquer la capacité d'aliéner. — Excep-

tion doit être faite pour le cas où l'immeuble social
tombait indivis dans la dot d'une femme ; le mari
et la femme, même conjointement, ne pouvaient
aliéner l'immeuble dotal, mais ils pouvaient en
demander le partage. Lombart, Thèse de doctorat,
p. 13 — Autre exception : l'action en partage ne
pouvait pas être intentée par le communiste qui
avait aliéné sa part *judicii evitandi causâ*, ni par
celui qui la lui avait achetée. 12, D, 4, 7.

57. De même que tout communiste peut demander le partage, la règle est qu'aucun communiste
ne peut s'y refuser, qu'il soit en possession ou non
des biens de la division desquels il s'agit, 30, c. d.
Une action en partage utile serait donnée contre
celui qui aurait aliéné sa part, 6, 1, c. d. ; et
d'ailleurs le partage pourrait n'avoir lieu qu'entre
certains des communistes, 8, c. d. — Exception-
nellement, s'il a été convenu que les communistes
resteront dans l'indivision intra certum tempus,
14, h. t., jusqu'à l'expiration de ce délai, l'action
en partage pourra être repoussée. Elle pourra
l'être encore, quant à la chose remise en gage, si
elle est intentée par un associé, qui, débiteur de
son coassocié, lui a remis en gage un bien indivis
entre eux, 6, 9, c. d.

58. Demander quel est l'objet du partage, c'est
demander en quoi consiste la communauté. Or la
communauté consiste le plus souvent dans la copropriété de biens corporels déterminés, 4, c. d.
— Il est de principe en effet que les créances

n'entrent pas en indivision, et que d'autre part les quantités ne comportent qu'une propriété divise.

59. Certains biens susceptibles de copropriété ne sont pas susceptibles d'être partagés : telles les *res religiosæ*, 30, D, 10, 2 ; tels les poisons et les mauvais livres que le juge devait détruire, 4, 1, ibid. ; tel le vestibule commun à deux maisons, 19, 1, c. d. ; telles les servitudes des fonds communs indivisibles par nature, 19, 2, c. d. —

60. Mais il n'est pas nécessaire que les associés aient la propriété des biens qu'il s'agit de partager entre eux. L'action en partage leur sera aussi bien ouverte s'ils ne les ont que *in bonis*, s'ils les possèdent *in causâ usucapiendi*, s'ils en sont superficiaires ou emphytéotes, s'ils ont été envoyés en possession damni infecti, s'ils en sont usufruitiers ou usagers, ou enfin s'ils les détiennent à titre de gage.

61. Mais, sur cette masse de biens, quelle sera la quote-part de chacun ? Il est une première hypothèse qu'il faut écarter, c'est celle où les parties ont fixé par avance la portion de l'actif qui doit revenir à chacun : *quod si expressæ fuerint partes, hæ servari debent.* Instit. Just. Cela doit s'entendre justement. Si, par ex., l'apport successif qui était la condition du droit au partage de la société, n'a pas été complètement réalisé, il est clair que la part de celui qui devait cet apport sera réduite au pro rata de la jouissance ou de l'industrie apportée. Cf. Molitor, n° 680 — S'il avait été

convenu *ut alter nullum lucrum sed damnum sentiret,* nous serions en présence d'une société léonine, absolument nulle.

Ce qu'il faut pour que la convention vaille, c'est que le résultat voulu par les parties leur soit commun, et c'est pourquoi il faut apprécier en bloc les opérations sociales. Mais les associés pourront accorder à chacun d'entre eux une quote-part différente dans la société pour le gain comme pour la perte : chaque associé apporte souvent plus ou moins que son coassocié. Ils pourront aussi convenir que certain d'entre eux aura une moindre part dans les pertes que dans les gains : c'est qu'il apportera une industrie dont la perte compensera cet avantage ; ils pourront aller jusqu'à lui enlever toute part dans les pertes si le talent apporté balance les capitaux, au sens large du mot, apportés par ses coassociés. C'est là simplement le maintien de l'égalité la plus fraternelle et la plus rigoureuse, Gaïus, III, 149.

62. S'il était évident que ces diverses conventions constituassent, non plus la légitime adéquation des droits des associés, mais une libéralité à l'égard de l'un d'entre eux, il est vrai de dire qu'alors il n'y aurait plus société, au moins pour le tout, 5, 2, h. t. — Mais la convention, en ce qui concerne l'excès d'évaluation, pourrait valoir comme donation 38, D, 18, 1.

63. Seconde hypothèse à écarter : si *coita sit societas ex his partibus quas Titius arbitratus*

fuerit, 75, h. t., la convention doit être également respectée, que l'arbitre soit l'un des associés, ou un tiers, 6, h. t. Mais celui-ci doit proportionner les parts aux mises, *ad boni viri arbitrium*. S'il enfreignait manifestement cette règle, sa décision pourrait être réformée par la juridiction ordinaire, 79, h. t., et c'est ce qui explique comment l'arbitre peut être l'un des contractants. En ce dernier cas, l'arbitre étant lié déjà en vertu du contrat de société ne saurait se refuser au règlement des parts de chacun des associés dans l'actif social; au cas contraire, le contrat restant pour lui res inter alios acta, on ne saurait l'y contraindre. Cf. Accarias, n° 626. Et c'est pourquoi, s'il ne consentait point à le faire, alors que la considération de sa personne, de son talent, de son intégrité, était l'une des causes déterminantes du consentement à la société de chacun des associés, il faudrait dire qu'il n'y aurait jamais eu société. V. Maynz, n° 226, note 25. Et de même, *si antequam arbitraretur decesserit*, 75, h. t.

64. Troisième hypothèse à écarter : les associés, sans s'exprimer sur les parts de chacun dans l'actif, ont fixé les parts de chacun dans le passif ; le même règlement devra être appliqué au partage des biens communs. Inst. Just ; h. t.; par 3.

65. Reste maintenant l'hypothèse où d'aucune façon les contractants ne se sont exprimés là-dessus. En d'autres termes, quel est le droit commun? — Dans une opinion, en cas de silence des

parties, les parts dans l'actif social sont propor-
tionnelles aux apports. Cette théorie a pour elle
l'autorité d'un grand nombre de jurisconsultes :
Noodt, Comment. Ad Digesta, ad h. t., t. II, p. 297
— Voet, Comment. Ad Pandectas, ad h. t., n° 8.
t. I, p. 604 — Vinnius, de Justiniani Institut.
1808, t. II, p. 142 — Brunnemann, Comment. in
Pandect., t. I, p. 514 — S. de Coccejus, Jus civile
Controversum. ad. h. t.; Q. VII, p. 348 — Glück,
Pand., XV, par. 966, p. 404 — Mühlenbruch,
Doctrina Pandectarum, par. 421, p. 403 — Lau-
terbach, tome I a Pandect.; ad. h. t., n° 18, p. 803
— Heineccius, Oper. tomus VI, Elementa juris
civilis secundum ordinem Pandectarum, par. 246,
n° 3, p. 307.

66. Nous adopterons néanmoins la seconde opinion d'après laquelle, de droit commun, chaque
associé a droit à une part virile dans le partage de
la Société. Nous n'en appellerons pas, comme
jadis on l'a fait au cours de la discussion, de l'autorité du poète mimique P. Syrus à celle du Sta-
gyrite ; il nous suffira amplement d'invoquer à
l'appui de notre thèse des textes du Digeste et des
Instituts de Gaïus ou de Justinien. — C'est le par.
150 du Comm. III de Gaïus, c'est le par. I ad h. t.
des Instituts de Justinien qui parle de portions
æquæ, æquales, mots indiquant, surtout en matière de partage des sociétés, des parts viriles en
opposition aux parts proportionnées aux apports.
Cf. Maynz, 4ᵉ éd., n° 226. note 24 — C'est la loi

29, h. t., où Ulpien, après avoir posé que, si les
parties ne se sont pas exprimées là dessus, les parts
sont *æquæ*, ajoute que les parts peuvent n'être pas
æquæ en vertu d'une convention spéciale, pourvu
qu'elles soient proportionnées aux apports : *partes
æquæ* signifie donc parts viriles. C'est là si nous
ne nous trompons le vrai sens de ce texte, et il ne
faudrait pas, comme Noodt l'a fait, argumenter du
mot *vero* pour prétendre que dans sa première
partie il suppose une *æqualis collatio*, car le mot
vero, logiquement et grammaticalement parlant,
porte sur le membre de phrase *si partes non
expressæ*, et sert uniquement de transition entre
cette hypothèse et celle où les parties se sont expliquées sur le règlement des parts — C'est la loi 5,
1, h. t.; qui, pour valider les societates omnium
bonorum entre gens de fortunes diverses, s'ingénie
à démontrer que les apports de chacun peuvent
être égaux, ce qu'il eût été bien inutile de faire si
les parts, de droit commun étaient proportionnées
aux apports. — C'est la loi 80, h. t., où Proculus
dit que l'arbitre chargé de fixer les parts ne devait
pas nécessairement constituer les contractants
socii ex æquis partibus, mais qu'au contraire il lui
fallait dans ce règlement de parts tenir compte
des divers apports de chacun. C'est donc que de
droit commun il n'était tenu aucun compte de
cette diversité des apports de chacun. — Enfin la
novelle 103 de l'empereur Léon que l'on peut
invoquer au moins à titre interprétatif, est formelle dans notre sens.

67. Et alors peut-être sera-t-il superflu d'ajouter à ces textes quelques considérations rationnelles. Que doit-on induire du silence des parties sur le règlement des parts, si non que elles ont implicitement reconnu l'équivalence de leurs apports respectifs. Et d'ailleurs l'égalité des parts ne se justifie-t-elle pas par l'incertitude du résultat, par le fait que les associés partageront les pertes comme les gains. Et, objection embarrassante, comment fixer la valeur des mises à l'origine de la société, alors que peut-être depuis cette époque s'est écoulé un long espace de temps ? Enfin, si un associé n'apporte que son industrie, comment, à quel taux apprécier sa mise ? Cf. Schulting, Notæ ad Digesta, t. III. p, 373 — Molitor, n° 634, — Doneau, Comment in Codicem ad h. t., n° 23, t. VIII, p. 703.

68. Ces questions préalables, relatives au but du partage, aux personnes qui y prennent part, à la masse partageable et au droit de chacun sur elle, étant vidées, nous allons étudier, très rapidement d'ailleurs, l'instrument du partage, l'action Communi dividundo.

69. Il importe de constater auparavant que l'action Communi dividundo n'est pas nécessaire à tous ceux qui veulent sortir de l'indivision : un partage amiable y suffit amplement. Mais la convention de partage n'est pas chez les Romains un contrat, et par conséquent, seule, son exécution la validera au point de vue du droit, sauf bien entendu, l'ap-

plication de la théorie des pactes et des contrats innommés.

70. L'instrument juridique du partage, c'est donc l'action Communi dividundo donnée à tout communiste qui ne tient pas son droit de sa qualité d'héritier auquel cas l'action Familiæ erciscundæ lui serait ouverte. — En matière de société, le but spécial de l'action Communi dividundo, c'est le partage des objets corporels formant partie du patrimoine de la société dissoute. Il s'est élevé sur ce point diverses opinions.

71. Pothier, n° 161, enseigne que pour obtenir le compte de partage de la société, chaque associé, à son choix, intente l'action Pro Socio ou l'action Communi dividundo — Duvergier, n° 382, pense que l'action Pro Socio était le moyen spécial de partager une société, tandis que l'action Communi dividundo était réservée au partage d'une communauté simple. — Troplong, n° 997, dit que l'action Pro Socio effectuait la liquidation, et l'action Communi dividundo le partage des Sociétés.

72. La vérité est que si le patrimoine social n'a jamais compris ou ne comprend plus à sa dissolution d'objets corporels, l'action Pro Socio suffira et à la liquidation et au partage de la Société ; et que, autre hypothèse, si toutes les créances des associés entre eux sont relatives aux choses corporelles comprises dans le patrimoine social et remplissent les autres conditions requises pour l'ap-

plication de l'action Communi dividundo, celle-ci suffira aussi bien à la liquidation qu'au partage de la société. — En dehors de ces deux cas, l'une et l'autre action seront nécessaires, l'action Pro Socio, pour éteindre toutes obligations nées de la société sans se rattacher à la communauté qu'elle suppose ; l'action Communi dividundo, pour le partage des biens corporels communs et l'extinction des obligations nées seulement de la communauté. — Enfin ces deux actions ont un domaine commun : les obligations nées à la fois de la société et de la communauté. Exemple : les dépenses faites sur un immeuble commun, à la condition qu'elles aient été faites pendant la société et dans l'intérêt commun, qu'elles aient été utiles et qu'elles n'aient pu être faites pour partie.

73. *Caractères de l'action Communi dividundo.* C'est une action *civilis* (Lombart, loc. cit., p. 3). Elle est de bonne foi ; elle est double, c'est-à-dire que les parties y jouent toutes deux le rôle de défendeur et de demandeur ; litis ordinandæ causâ, on considère comme demandeur celui qui a provoqué le procès. 13 et 14, D, 5, 1 — Elle est l'une des 3 actions divisoires. — Elle est enfin *in personam*, mais *mixtam causam obtinere videtur tam in rem quam in personam* Inst. Just. lib. IV, t. 6, par 20, et là dessus de nombreux systèmes se sont élevés. Les uns ont dit que les actions mixtes ne se distinguaient pas des actions doubles. D'autres, qu'elles étaient telles parce que leur

intentio était *in personam*, et l'*adjudicatio*, *in rem*. D'autres, parce que ayant en principe pour objet des obligations, elles pouvaient accessoirement comprendre une décision portant sur un droit réel. D'autres, parce que le juge y avait le pouvoir d'adjuger les choses et de condamner les personnes. D'autres, enfin, parce que les jurisconsultes romains avaient cru voir une grande analogie entre leurs résultats et ceux des actions réelles. Quoi qu'il en soit de cette question délicate qui doit rester au second plan de notre étude, il faut ajouter aux caractères déjà indiqués de l'action Communi dividundo qu'elle comporte pour le juge le double pouvoir de prononcer des adjudications et des condamnations, et qu'elle embrasse dans son objet toutes les choses communes, *nisi si quid fuerit ex communi consensu exceptum nominatim*, elles et tout ce qui s'y rattache, 13, c. d. (Pour la formule de l'action, v. Keller, p. 177.

74. *Opérations du partage.* — Voyons maintenant comment le juge de l'action Communi dividundo opérera le partage dans les divers cas qui peuvent se présenter. — S'agit-il d'un immeuble tenu en propriété par les associés, par ex., d'un terrain arable, ou non, mais commodément partageable, le juge devra le diviser entre tous proportionnellement à la part de chacun dans la société, 1, C, 3, 37. — Quid, si cet immeuble était affecté d'une servitude active ? Il est certains cas où le

partage du fonds entrainera, non point partage de la servitude, mais communication à tous les lots des avantages de la servitude ; exemple, servitude *altiùs non tollendi.* Mais s'il s'agit d'une servitude, par ex., de puisage, il faudra que les droits de chacun des adjudicataires des lots formés dans le fonds dominant soient respectivement réglés, *mensurâ et temporibus* : cela rentrera dans l'office du juge de l'action communi dividundo. Mais les prestations personnelles dues à l'occasion des servitudes faisaient l'objet de l'action Negotiorum gestorum, 31, 7, D, 3, 5 — 19, 2, c. d. —

75. S'il s'agit d'un immeuble non partageable, le juge le mettra aux enchères entre les associés pour l'adjuger au plus offrant, ou au cas d'enchères égales à celui qui a une part sociale plus grande. 34, 2, C, 8, 54. Si l'un des associés déclare n'avoir point les ressources nécessaires pour surenchérir, ou seulement le demande, il sera procédé à des enchères publiques. — Comment les étrangers admis à ces enchères pouvaient-ils être condamnés au paiement du prix, puisqu'ils n'étaient pas parties au procès ? peut-être était-il procédé à une Cessio in jure immédiate (M. Labbé, Garantie, p. 64, n. 1) : peut-être une modification de la formule évitait-elle cette complication. (Lombart. loc. cit., p. 60) — 78, 4, D, 23, 3.

76. S'il y avait plusieurs choses communes, on pourrait les diviser en lots attribués à chacune des parties, sauf à condamner celles à qui

écherrait une portion plus considérable de biens, à payer aux autres des soultes, *æstimatione justâ factâ.* 3, C, 3, 37.

77. Du reste le pouvoir du juge est assez large pour lui permettre d'adjuger à l'un la nue-propriété, à l'autre l'usufruit, 6, 10, c. d., ou d'établir dans l'adjudication, pour compenser l'inégalité de valeur de deux lots immobiliers, des rapports de servitude de l'un à l'autre de ces lots, 22, 3, D, 10, 2.

78. Mais la règle de toute la matière, c'est l'intérêt des copartageants et le respect de leur volonté, *quod omnibus utilissimum est, vel quod malint litigatores sequi convenit.* 21, c. d.

79. S'agit-il d'un fonds dont les associés ont seulement l'usufruit, ou bien le juge fixera à chacun la portion dont il jouira, ou le fonds sera loué et le loyer partagé entre les ayants droit. Si la chose commune était mobilière, les associés pourraient convenir qu'ils en auront la jouissance alternative, 7, 10, c. d. — V. Lombart, p. 60, n. 4 — Ici, comme dans le cas suivant, c'est l'exercice du droit, et non le droit lui-même qui est divisé.

80. Quid, si c'était un droit d'usage qui fût commun ? En suivant les principes, le juge n'aurait pu que attribuer aux communistes, ou l'usage d'une portion divise de la chose, ou l'usage alternatif de toute la chose. Mais *propter necessitatem*, l'usage total put être adjugé à l'un des

communistes, sauf à le condamner à payer à
l'autre une certaine somme, 10, 1, c, d.

81. Le fonds à partager se trouve-t-il être un
ager vectigalis? Sans doute, il pourra entrer dans
le partage, *magis autem debet judex abstinere
divisione : alioquin præstatio vectigalis con-
fundetur*, 7, c. d. — Il faut assimiler l'*ager em-
phyteuticus* à l'*ager vectigalis* — 15, 1, D, 2, 8
— Quid, de la superficies? — 1, 8, D, 43, 18 —
On procédait sans doute au partage de la même
manière que s'il se fût agi de la pleine propriété.

82. Si encore les associés détiennent une chose
à titre de gage, elle rentre dans le domaine de
l'action Communi dividundo. On l'estimera, non
suivant sa valeur réelle, mais à concurrence de la
dette pour laquelle elle est engagée, 7, 12. c. d.;
elle sera assignée à l'un des créanciers (Pothier lit
si assignetur) qui devra payer aux autres leurs
parts dans la créance ou, si la chose a une valeur
inférieure au montant de toute la dette, leurs
parts dans la valeur de la chose. — Si l'adjudicataire n'a pas provoqué le partage, le débiteur peut
être contraint à lui reprendre la totalité de la chose
en payant la totalité de sa dette, 10, 12, c. d. —
29, ibid. — Si l'adjudicataire a provoqué le partage
il devra pour parer à tout danger se faire faire
cession d'actions par ses cocréanciers.

83. Notons que des cautions devront intervenir
toutes les fois qu'une éviction sera possible, 10, 2,
c. d. —

84. *Prestations personnelles.* — L'action communi dividundo ne sert pas seulement, nous l'avons déjà dit, à opérer le partage des objets indivis, mais aussi à éteindre les dettes actives ou passives nées de l'indivision, sous certaines conditions. Nous avons déjà vu comment s'éteignaient pareilles dettes nées au cours de la société ; entre la dissolution et le partage, un laps de temps peut s'écouler qui permette à de nouvelles dettes de prendre naissance, c'est de celles-là maintenant qu'il s'agit.

85. Tout communiste doit compte à ses cocommunistes de l'enrichissement qu'il a retiré de la chose commune, mais de quelle action est-il tenu ? — Si l'acte dont il a tiré bénéfice était tel qu'il n'eût pu le faire seulement pour sa portion indivise, ce sera de l'action communi dividundo : si non, de l'action Negotiorum gestorum, 6, 2, c. d. — 4, 3, ibid.

86. En outre il doit compte de ses fautes, in comittendo vel omittendo, mais seulement de celles qu'il ne commet pas dans ses propres affaires, 8, 2, et 25, 16, c. d.

87. — Réciproquement il peut répéter de ses cocommunistes le dommage que lui aurait causé la chose commune, 16, 6, c. d., et les dépenses qu'il aurait faites pour elle. Quant à ces dernières, il faut exiger, pour l'exercice de l'action communi dividundo, qu'elles aient été faites pendant l'indi-

vision, utilement et dans l'intérêt commun, et,
en outre, qu'elles n'aient pu être faites que pour
la totalité de la chose commune, sans quoi, seule,
l'action Negotiorum gestorum serait accordée.

Effets et Rescision du Partage.

I.

88. — L'adjudication dans le partage judiciaire et l'exécution de la convention de partage avaient pour effet de transférer à chacun des ex-associés la propriété indivise de ses copropriétaires, et de changer la sienne propre de générale et indivise, en propriété spéciale, divise et absolue. C'est dire que chez les Romains le partage était translatif — 1, C, **3**, 38 — 31, D, 33, 2.

89. La conséquence capitale de ce caractère translatif du partage, c'est que tous les droits réels consentis pendant l'indivision seront maintenus. Autre conséquence qui se rattache d'ailleurs au principe d'égalité des parts, non pas entre elles, mais par rapport aux droits sociaux de chacun, les copartageants devront indemniser celui d'entre eux qu'aurait atteint une éviction, ut in omnibus æquabilitas servetur. 4, C, 3, 37.

90. Ce droit à la garantie était sanctionné par l'action Præscriptis verbis, et probablement aussi par l'action Ex empto, selon que l'on pouvait mieux assimiler le partage à l'échange ou à la vente. Par l'une ou par l'autre, le copartageant évincé était indemnisé de la perte que lui avait fait subir l'éviction. 66, 3, D, 21, 2. — Toutes les fois que des cautions étaient intervenues lors du

partage entre les communistes, et nous savons que
le juge de l'action Communi dividundo devait y
pourvoir, il avait entre les mains l'action Ex stipulatu, qui, elle, portait sur l'estimation faite au
moment du partage. 10, 2, c. d. — V. Lombart,
p. 69.

91. Le copartageant évincé que nous venons
d'assimiler à un coéchangiste pourrait-il, de même
que le coéchangiste évincé, remettre tout en l'état
antérieur au moyen d'une Condictio ob rem dati
re non secutâ, c'est-à-dire, de reconstituer l'indivision ? cet état, étant peu favorable, au moins
dans les idées romaines, il est permis de penser
que l'éviction même ne pouvait servir de base à
son retour, surtout si l'on remarque que rendre ce
retour possible c'est dans certains cas permettre
au copartageant évincé de faire retomber sur les
autres une perte que seul il aurait dû supporter.
— Il est certain d'ailleurs que la perte résultant
de l'éviction ne donnerait lieu à aucune indemnité
en sa faveur, s'il avait commis une faute. ou si,
lors du partage, il avait eu connaissance de l'éviction qui menaçait, ou si enfin, il avait formellement renoncé à la garantie. 7, C, 3, 38. — 14, C,
3, 36.

II.

92. En principe, le partage est irrévocable. 8, C,
3, 38. S'il n'a pas été conclu sous une condition

résolutoire, ce qui ne se conçoit que dans les par-
tages amiables, et ce qui, par l'avènement de la
condition, l'annulerait de plein droit (6, ibid.), il
ne peut être rescindé que dans des cas tout exceptionnels.

93. D'abord, le dol vicie le partage amiable
dans tous les cas (3, ibid.), mais, sans l'annuler
pour le tout. On procédera seulement au partage
de ce que l'auteur du dol a reçu au delà de sa part.
8, C, 6, 20 — V. Molitor, n° 696. — A plus forte
raison, la violence serait-elle une cause de rescision du partage.

94. Dans le partage judiciaire, le dol de l'une
des parties aurait le même effet. Si le dol émane
du juge, et que celui-ci ait prononcé en dernier
ressort il faut distinguer : ou bien le juge a vendu
sa sentence, ou encore, formellement, il a violé la
loi, le partage sera nul de droit ; 7, C, 7, 64 — 19,
D, 49, 1 — ou bien son dol ne rentre dans aucun
de ces cas, et alors, le partage subsistera. Seulement la partie lésée aura contre le juge un recours
en indemnité 15, D, 5, 1 — 6, D, 50, 13 — 2, C,
7, 49.

95. Ensuite l'erreur peut faire annuler le partage, mais dans des hypothèses toutes spéciales.
S'agit-il en effet d'une erreur dans l'évaluation
des choses à partager, ce cas rentre dans la lésion
que nous étudierons plus loin. — S'agit-il d'une

erreur sur les choses mêmes à partager : ou bien l'on a compris dans le partage la chose d'autrui, et alors, au moment de l'éviction, naîtra l'obligation de garantie; ou bien l'on n'y a pas compris une chose commune,et alors, il suffira de recommencer quant à elle les opérations du partage. — S'agit-il d'une erreur sur la personne des copartageants : ou bien l'un des ayants droit est resté étranger au partage, et alors, à son égard, l'indivision subsiste ; ou bien, un lot a été attribué à une personne qui n'y avait aucun droit, et ici il faut encore distinguer. Le partage a-t-il été amiable, les véritables ayants droit auront contre elle une Condictio qui leur permettra de rencontrer les objets dont elle était lotie. Le partage a-t-il été judiciaire, aucun moyen de recours n'est ouvert aux véritables ayants droit : car la répétition est refusée à ceux qui, sans y être tenus paient une dette dont la négation emporte condamnation au double, ce paiement étant présumé fait à titre de transaction. Or les véritables ayants droit sont dans ce cas, car ils sont passibles de l'action judicati. 36, D, 10, 2. — S'agit-il d'une erreur matérielle, d'une erreur de calcul commise dans le jugement, l'appel n'est même pas nécessaire pour la faire redresser — 1, 1, D, 49, 8.

96. Quant à la lésion, on peut admettre que jamais elle ne donne lieu à la rescision du partage. Sans doute sous certaines conditions elle a cet effet en matière de vente, un texte précis le lui

accorde, 2, C, 4, 44, mais ce n'en est pas moins là une exception aux principes généraux, et, que nous sachions, il n'existe pas de texte qui y déroge à l'égard du partage.

DROIT FRANÇAIS

DROIT FRANÇAIS

LIQUIDATION DES SOCIÉTÉS COMMERCIALES.

CHAPITRE I.

GÉNÉRALITÉS.

1. D'Ulpien à Pothier, les règles relatives à la liquidation et au partage des sociétés ne subirent guère de changements, à part quelques points spéciaux que nous aurons l'occasion de signaler par la suite. (Cf. notamment Petrus Sanz Morquecho, de Divisione Bonorum societatis conventionalis et conjugalis, 1607, livre II, chap. X, p. 180 — Encyclopédie du XVIIIᵉ siècle, Panckouke, 1782,

V^is Partage et Société). Aussi pouvons-nous, sans être incomplets, nous taire sur la règlementation de la liquidation des sociétés durant tout l'ancien droit et aborder de suite l'étude de la législation du Code de commerce.

2. Restreignant en effet le sujet que nous avions entrepris en Droit Romain, nous nous bornerons à rechercher quels principes sont aujourd'hui applicables à la liquidation des sociétés commerciales, en faisant abstraction, d'une part, des sociétés nulles ou annulables, d'autre part, des sociétés ne formant pas une personne morale, sauf à en traiter incidemment, s'il y a lieu.

3. Il est superflu d'insister sur le caractère indéterminé de tout fonds social : durant le cours de la société, et au point de vue qui nous occupe lorsqu'elle prend fin, presque toujours il y a des opérations commencées ; elles réclament une suite nécessaire qui fait acquérir à la société des droits nouveaux ou qui la grève de charges postérieures à la dissolution. — La société a aussi des débiteurs, solvables ou non, dont la situation doit être réglée — La société peut avoir des immeubles, il faut en fixer la valeur — Créancière ou débitrice des associés, elle doit compter avec eux pour leurs rapports et leurs reprises — Tout cela demande du temps et des soins, tout cela engendre des complications : une liquidation est presque toujours indispensable. Troplong, Sociétés, n° 999. — Si nous ajoutons que le but des associés est le partage des

bénéfices, et que la liquidation n'est que la formation de la masse des bénéfices, nous en aurons
assez dit sur les motifs d'utilité qui militent en
faveur de la liquidation.

4. Ces préliminaires posés, il importe de
préciser dans quels cas une société est dite
en liquidation. Une société est dite en liquidation lorsque ayant pris fin pour une raison ou
pour une autre, elle réalise ses droits actifs et
éteint ses droits passifs de façon, s'il y a excédant
des premiers sur les seconds, à le former en une
masse à partager entre tous les associés ; si les
seconds sont égaux aux premiers, à établir la
balance ; si enfin les seconds surpassent les premiers, à déterminer le solde débiteur. Ainsi donc
toute société dissoute qui, si elle a fait des bénéfices, ne les a ni partagés, ni réduits en masse
partageable, ou qui, si elle a fait des pertes, n'a
pas éteint son passif à concurrence du total de son
actif, sera en liquidation. En somme, trois conditions pour cela sont nécessaires : 1) la dissolution
— 2) l'indivision du fonds social, car s'il est partagé, la masse partageable, évidemment, n'est
plus à former, les dettes sont éteintes ou réparties
entre les associés suivant les circonstances — 3)
l'indétermination du fonds social, sans quoi, la
liquidation est faite, et c'est le partage seul qui
reste à faire.

5. L'état de liquidation ainsi défini, nous avons
à nous demander quelles causes amènent la liqui-

dation d'une société, par qui et comment elle sera
faite et quels seront ses effets. Sur ces graves
questions le législateur n'a formulé aucune règle
qui puisse servir de base à notre argumentation.
Les principes généraux du droit seront donc seuls
à nous donner la solution des nombreuses difficultés de la matière.

CHAPITRE II.

CAUSES DE LA LIQUIDATION.

—————

6. D'après la définition que nous avons plus haut essayé de donner, toute société est appelée à se liquider dès qu'elle est dissoute. Toutes les causes de dissolution deviennent par là des causes de liquidation. Après les avoir parcourues, nous dirons un mot des causes d'annulation.

SECTION I.

Causes de Dissolution.

7. On les divise en 3 groupes :

A) Les unes opèrent de plein droit. C'est 1) l'ex-

piration du terme convenu — 2) l'évènement de la
condition — 3) la consommation de l'affaire — 4)
Extinction de la chose ; cela comprend 3 cas : a)
perte de la chose qui fait l'objet de la société : b)
perte totale du fonds social, ou perte partielle ren-
dant impossible la continuation des opérations de
la société ; c) perte de l'apport d'un associé — 5)
Mort, interdiction, déconfiture, faillite d'un associé
dans les sociétés de personnes. —

8. B) d'autres causes de dissolution se rattachent à la simple volonté des parties : 1) dans tous
les cas, le consentement unanime des associés
rompt la société — 2) lorsque la durée d'une société
est illimitée, il suffit de la volonté d'un seul associé
notifiée à tous les autres associés pour opérer dissolution, à moins que le capital social ne soit divisé
en actions dont la parfaite cessibilité ne donne à
cet associé le moyen de recouvrer sa pleine et
entière liberté. — 3) dans les sociétés anonymes,
les assemblées générales peuvent prononcer la
dissolution pourvu qu'elles représentent au moins
la moitié du capital social, art. 3I, loi 24 juillet
1867 — Dans les sociétés en commandite par
actions, on peut admettre que si tous les associés
en nom et la majorité des actionnaires ont voté la
dissolution, la société est rompue. Cf. art. 11,
ibid.

9. C) Enfin la justice peut prononcer la dissolution dans certains cas : 1) ex justâ causâ, toutes les
fois qu'un associé le demande — 2) Sur la de-

mande de tout actionnaire, le Tribunal doit déclarer dissoute toute société en commandite par
actions qui n'aurait pas constitué son conseil de
surveillance, dans le délai de 6 mois à compter de
la loi du 24 juillet 1867, art. 18, ibid. — 3) pour
les sociétés anonymes, art. 38, ibid., la dissolution
peut être prononcée sur la demande de tout inté.
ressé, lorsque un an s'est écoulé depuis que le
nombre des associés est réduit à moins de 7. — 4)
dans les mêmes sociétés, art. 37, ibid., lorsque le
capital nominal exigible a été perdu à concurrence
des trois quarts, si l'assemblée générale tenue à
raison de ce fait n'a pas été régulièrement constituée, ou si même il n'en a pas été tenu, tout inté-
ressé peut demander la dissolution de la société
devant les tribunaux. Cf. Gaz. des Tribunaux du
23 nov. 1881.

10. On s'est demandé si une société déjà en
faillite pouvait être mise en liquidation D. 54.
1. 203 — D. 74. 1. 312, et la raison pour douter
c'est que l'on pourrait dire que la faillite dissout
la société et que les créanciers eux-mêmes, repré-
sentés par le syndic, liquident la société. Mais il
est certain que la société en faillite subsiste, 443.
531. C. Comm.; dès lors et puisque son intérêt ne
se confond pas entièrement avec celui des créanciers sociaux, on peut lui donner un représentant
qui sera un liquidateur, si la dissolution s'est pro-
duite, qui exercera pour elle les droits reconnus
au failli. C. Comm. 475, 478, etc., et qui, les

créanciers une fois payés, devra réaliser l'excédant d'actif s'il s'en trouve un.

SECTION II.

Des causes d'Annulation.

11. Une société affectée d'un vice de constitution n'est pas pour cela dans l'impossibilité de fonctionner en fait : sans quoi jamais les tribunaux n'auraient à prononcer l'annulation ou la nullité de sociétés. Mais la question se pose de savoir si, les tribunaux ayant mis fin à cette vie illégale, il n'y a pas lieu à une liquidation, suivie même, le cas échéant, d'un partage. En principe, toute société annulée est censée n'avoir jamais existé ; jamais donc elle n'a eu de patrimoine, et par suite, point de liquidation possible. Mais ce principe ne va pas sans distinction, et nous allons voir dans de nombreuses hypothèses l'annulation d'une société opérer à l'instar de sa dissolution.

12. Enumérons d'abord les causes de nullité des Sociétés commerciales : 1) défaut de consentement. Dans certains cas, le vice du consentement suffit — 2) défaut de capacité — 3) objet incertain de l'obligation des associés — 4) but illicite— Ces quatre causes de nullité communes à tous les

contrats — 5) il est presque inutile de dire que s'il
n'y a pas apport réciproque de la part des associés, ni intention de produire et partager des
bénéfices, le contrat formé n'est pas une société
— 6) pour toute société commerciale, (sauf, bien
entendu, la participation), le non-accomplissement
des formalités extrinsèques de rédaction et publication ordonnées par le titre IV de la loi du 24
juillet 1867 — 7) pour les sociétés par actions, la
constitution de la société contrairement aux art.
7 et 41 de ladite loi.

13. Telles sont les diverses causes de nullité des
sociétés commerciales ; mais il s'en faut de beaucoup que toutes opèrent avec la même force. Les
unes atteignent le contrat tout entier et le rédui-
sent à néant ; les autres ont un effet plus restreint
et laissent subsister pour partie la convention. En
effet, le contrat de société renferme un autre contrat dont il se sépare sans doute par l'addition
d'un élément nouveau, mais que néanmoins il
suppose, le contrat de communauté. Il est nécessaire, en effet, pour que une société existe, que
ses contractants se fassent des apports réciproques, les mettent en commun ; il faut, en outre,
mais personne ne le nie, pour qu'il y ait société,
l'affectio societatis, l'idée de collaboration active,
la volonté de faire de cette communauté préalable
un instrument de gain, la poursuite d'un bénéfice
à partager entre tous. Or l'on peut remarquer que
ces deux éléments du contrat de société n'ont pas

entre eux une connexion si intime que le contrat de communauté ne puisse parfaitement exister là où il n'y a pas société. Nous en tirons cette conséquence que, lorsque la loi frappera de nullité un contrat de société, il ne faudra pas fatalement en conclure à l'absence de tout contrat. Les parties ont voulu faire un contrat que faussement elles ont qualifié de société ; la justice a fait raison de cette audace, mais, est-ce à dire que le contrat qu'en réalité elles ont passé, et qui d'ailleurs est légitime, ne subsistera pas ? nous ne voyons pas quelle raison ferait ainsi décider.

14. Appliquons maintenant cette distinction. Si la société est frappée d'une cause de nullité s'attaquant à tout le contrat et l'anéantissant comme société et comme communauté, il est clair, dirons-nous, qu'il n'y aura lieu de liquider ni la société, ni la communauté qui doit partager son sort. — Ainsi se passeront les choses, par ex., au cas de société ayant un but illicite ; alors, la société et la communauté sont viciées dans leur essence même par leur cause illicite, elles sont à considérer comme n'ayant jamais existé ; il n'y aura jamais eu d'associés, jamais eu de communistes ; il n'y aura que des cointéressés ayant exactement les mêmes biens et les mêmes droits vis à vis l'un de l'autre qu'avant le fait qu'ils eurent la prétention d'élever à la hauteur d'un contrat.

15. Tout autrement en sera-t-il, si la cause de nullité qui frappe la société laisse intacte la com-

munauté qu'elle suppose. Pas de liquidation sociale, non plus que dans la première hypothèse.
Mais une communauté reste, indivise et indéterminée, et c'est bien là ce qui suffit et ce qu'il faut
pour qu'une liquidation soit possible. Prenons
pour exemple le cas où une société en nom collectif
a fonctionné sans publicité ; sa nullité prononcée,
il n'en subsiste pas moins un fonds commun. Le
contrat de communauté, en effet, peut se former et
durer sans aucune publicité. Eh bien ! ce fonds,
non pas social, mais commun, il faudra le liquider !

16. Généralisant notre distinction, nous dirons
que si chez les contractants il y a eu défaut ou
certains vices du consentement, défaut de capacité,
si l'objet de leur obligation n'avait pas reçu de
détermination, si leur but était illicite, aucune liquidation n'est possible parce que ces causes de
nullité atteignent aussi bien la communauté que la
société qui la renferme. Il en sera de même par la
force des choses, si les associés n'ont pas formé de
fonds commun. — Mais, si seule l'affectio societatis avait manqué ; si, pour les sociétés commerciales, la publication des statuts, seule, fait défaut ;
si, pour les sociétés par actions, la loi de 1867,
seule, n'a pas été observée, alors il y aura lieu
à liquidation parce que dans toutes ces hypothèses
le contrat de communauté existe et demeure
valable.

17. Il est donc toute une série d'hypothèses où
l'annulation de cette société est le préambule

d'une liquidation. Mais sur quoi portera la liquidation ? évidemment ce ne sera point sur la société
qui est réputée n'avoir jamais existé, mais bien
sur la communauté qui subsiste. Au cas de société
annulée, il ne peut donc y avoir qu'une liquidation
de communauté, et pour cette raison nous n'avons
pas à nous appesantir sur cette matière, en nous
réservant toutefois d'indiquer par la suite les
différences qui séparent la liquidation d'une société de celle d'une communauté.

CHAPITRE III·

ORGANISATION DE LA LIQUIDATION·

———

18. Nous venons de voir quels évènements pouvaient causer la liquidation d'une société ; maintenant s'élève la question de son règlement orga-
nique. Quel sera le pouvoir chargé de procéder à
toutes les opérations que comporte la liquidation ?
Quelqu'un a-t-il de plein droit cette mission ? Et
si non, à qui peut-on la confier et comment ? La
réponse à faire sur tous ces points ne saurait aller
sans distinction. Si dans le contrat social nous
trouvons des clauses relatives à la liquidation,
il faudra, sans doute, s'incliner et les suivre. Mais
si les statuts sont muets sur ce point, les principes
généraux du contrat seuls pourront nous donner
cette réponse. — C'est assez dire que notre chapitre se subdivisera naturellement en deux sections,

consacrées l'une au cas où les associés ont dans leur contrat jeté les assises de la liquidation, et l'autre au cas où ils s'en sont abstenu. Nous le ferons précéder d'une section dans laquelle nous examinerons la situation de la société en liquidation comme être moral, et où nous verrons si cet être moral continue ou non de subsister après la dissolution.

SECTION I.

Personnalité de la société en liquidation.

19. La société dissoute subsiste-t-elle pour sa liquidation ? continue-t-elle à former un être moral distinct de ses membres, ayant un domicile et un patrimoine distincts ? ou bien, la dissolution opérée, n'y aurait-il plus qu'une masse indivise appartenant à des copropriétaires ? Si l'on admet que la société dissoute garde son entité morale, au moins pour la liquidation : les créanciers sociaux continuent à avoir leur droit de préférence sur le fonds social, — la société en liquidation peut être mise en faillite ; elle est valablement représentée par les liquidateurs pour les actions en justice, pour les paiements à recevoir ; — elle conserve son domicile au siège social ; — elle reste pro-

priétaire des immeubles sociaux, d'où ceux-ci ne sont pas grevés du chef des associés, et peuvent être vendus sans formalités, lors même qu'il y aurait des mineurs parmi les associés, et l'acquéreur ne devra purger que sur la société ; — le droit des associés demeure mobilier jusqu'au partage. Si non, les conséquences contraires s'imposent.

20. Dès la mise en vigueur du Code de Commerce, ses commentateurs, appliquant à la matière toute la rigueur de la logique, conclurent à l'anéantissement de l'être moral-société par sa dissolution, par sa mort autrement dit. Mais leur système échoua par la raison qu'il était impossible de le mettre en pratique lorsqu'il y avait 300.000 associés. La nécessité fit donc admettre le système opposé qui faisait survivre la société à sa dissolution ; l'usage le sanctionna, et aujourd'hui jurisprudence et doctrine sont d'accord pour ne pas même discuter la personnalité des sociétés en liquidation.

21. Nous n'avons pas non plus l'intention de la discuter ; nous voudrions même lui donner une base sérieuse en même temps que juridique. Nous l'avouons, nous n'en voyons pas d'autre que l'usage constant qui la tient pour évidente, usage que la loi elle-même a par avance consacré, dans l'art. 1872, C. Civ. Ce n'est certes pas nous qui dirons que, la société étant dissoute par la volonté des associés, ceux-ci peuvent fixer telle mesure qu'il

leur plait à l'effet de leur volonté, et qu'ils peuvent n'éteindre la société que par degrés : il
faudrait pour cela n'avoir pas remarqué que bien
souvent le consentement des associés est indiffé-
rent à la dissolution de la société, ce qui dans
nombre d'hypothèses, enlève toute force à un ar-
argument, heureusement, de surérogation.

22. La personnalité morale de la société en
liquidation une fois admise, nous la prenons avec
toutes ses conséquences sans distinction. De même qu'avant la dissolution elle existait « pour son
commerce», de même après la dissolution, elle
existera «pour sa liquidation», et, de même qu'a-
vant elle jouissait d'une existence pleine et entière
dont son commerce était la cause et non la mesure, de même, après, elle subsistera, d'une vie
normale et sans restriction, à cause de sa liquidation, et non, seulement quant à sa liquidation. Ne
pas l'admettre serait créer une antinomie là où il
n'est besoin que de prolonger une fiction! ce serait
inventer une personnalité essentiellement variable
et introduire la fantaisie dans la loi.

23. Quant aux associations en participation,
elles ne forment pas de personnes morales tant
qu'elles existent, elles n'en sauraient faire naître
par leur mort. Il n'y a donc pas pour elles de
liquidation sociale, puisqu'il n'y a pas de société
ayant un patrimoine distinct. Si telle a été l'intention des parties, il pourra y avoir communauté,
et plus tard, cette communauté donnera lieu à une

liquidation : mais ce sera affaire entre communistes. Si non, tout s'analysera en des comptes que les parties se rendront respectivement suivant les bases du contrat.

SECTION II.

Cas où les statuts ont réglementé la liquidation.

24. Les associés en formant leur contrat de société peuvent y insérer des clauses relatives à la liquidation future, et le principe est qu'ils ont en cela toute liberté. Nous n'avons pas la prétention d'énumérer tous les modes de liquidation auxquels peuvent s'arrêter les associés. Il nous suffira de voir quelle utilité présente cette réglementation anticipée et de trancher quelques questions qui peuvent être soulevées.

25. Cette façon de procéder aura d'abord force de mesure préventive contre les discussions et les divisions qui trop souvent s'élèvent entre associés après la dissolution. Elle aura en outre l'avantage de fixer d'une manière précise la nature et l'étendue des pouvoirs du liquidateur, pour peu que les statuts ne se soient pas bornés à sa nomination. Enfin et surtout, elle supprimera toutes mesures

provisoires, toute gestion intérimaire, toute perte de temps. — Ajoutons que la nomination du liquidateur dans le pacte initial se conçoit difficilement dans les sociétés de très longue durée.

26. Nous avons dit que les associés avaient pleine liberté dans la réglementation de la liquidation sociale. On a pourtant prétendu (Pont, n° 1939) que le liquidateur d'une société anonyme ne pourrait être nommé par le pacte social, et on a invoqué à l'appui l'esprit de l'art. 25 de la loi 24 juillet 1867, qui enlève à tout autre que l'assemblée générale le droit d'élire les administrateurs. Cet art. étant restrictif de la liberté des conventions, et ne s'étendant pas dans ses termes aux liquidateurs, nous ne pensons pas qu'il justifie une telle dérogation au droit commun.

27. Quel sera l'effet de ces clauses insérées au contrat de société et relatives à la liquidation ? Si la société se dissout normalement, évidemment, elles auront un effet absolu comme le contrat lui-même, un effet tel qu'il ne saurait être anéanti que par le consentement unanime des associés. Il en est ainsi notamment pour la révocation du liquidateur statutaire que l'accord de tous ou une action judiciaire peut, seule, atteindre. — Si la société se dissout avant le terme fixé, auront-elles la même puissance et la même efficacité ? Pour nous, c'est là une question d'interprétation des statuts. S'il appert que les associés n'ont eu en vue qu'une seule cause de dissolution, le terme

fixé, il faudra tenir les statuts comme non avenus sur ce point. Mais il semble plus généralement exact de dire qu'au cas de silence des associés, leur volonté devra être présumée applicable quelle que soit la cause de la dissolution de la société. Aussi ne pouvons-nous admettre, en principe, la jurisprudence qui répute non écrite, au cas de dissolution anticipée, la nomination du liquidateur dans le pacte social (Pont, n° 1940). — Notons qu'au cas de dissolution avant le terme fixé, tous actes ayant pour objet le mode de liquidation sont soumis par l'art. 61 de la loi de 1867 aux formalités de publication réglées par les art. 55 et 56 de cette loi.

28. Un mot pour les sociétés annulées. Si dans ces sociétés le pacte initial a réglementé la liquidation, devra-t-on l'appliquer ? Nous avons dans le précédent chapitre posé les principes qui doivent résoudre la question. Si la société annulée renferme une communauté valable, et si les clauses susvisées du pacte initial peuvent valoir comme clauses de communauté, rien ne leur enlève leur force obligatoire. Au cas contraire, la conclusion inverse s'impose. Cass. Req. 7 juillet 79.

SECTION III.

Cas où les statuts n'ont pas prévu la liquidation.

29. Alors les associés restent absolument libres de procéder comme ils l'entendent à la réalisation des droits actifs et à l'extinction des droits passifs de la société. Ils pourront prendre, pour y arriver, les moyens les plus divers. Ils pourront s'abstenir même de toute liquidation, comme nous l'entendons aujourd'hui, c'est-à-dire, se partager entre chacun d'eux les créances, les dettes, et les biens sociaux. — Ils pourront céder tous leurs droits sociaux actifs et passifs à un acquéreur qui leur paiera un prix : c'est la liquidation à forfait. S. 68. 1. 442.

30. Mais le plus souvent, la société se liquidera elle-même, soit par les associés en cette seule qualité, soit par un mandataire. Il nous semble, en effet, qu'il faut établir une distinction fondamentale entre les sociétés de capitaux et les sociétés de personnes. Dans celles-ci, la liquidation, comme la gestion, appartient à tous et à chacun, et par suite tout associé a le droit de liquider ; dans celles-là, au contraire, la liquidation comme la gestion est le fait d'un mandataire, et cela, en vertu de l'essence même de ces sortes de sociétés.

31. Dans tous les cas où la liquidation est con-

fiée à un mandataire, faudra-t-il requérir le consentement unanime des associés ou seulement
l'adhésion de la majorité ? la solution de cette
question nous est fournie par la distinction qui
précède. S'agit-il d'une société de personnes, la
communauté de la liquidation forme l'une des
clauses du pacte social, et par conséquent pour y
déroger, pour porter à un mandataire les pouvoirs
qui reposaient sur la tête de tous, il faudra l'accord
unanime des associés. S'agit-il d'une société de
capitaux où la délégation des pouvoirs est de droit,
où la nomination d'un liquidateur rentre dans les
suites inévitables du contrat et fait partie de ce
contrat, on ne saurait comprendre comment l'opposition d'une minorité quelconque sur le choix de
la personne, c'est-à-dire sur une pure question
d'appréciation et de bonne administration, pourrait entraver le droit souverain de la majorité.

32. En somme, qui nommera le liquidateur ?
l'unanimité des associés, disons-nous, dans les
sociétés de personnes, mais dans les sociétés de
capitaux la majorité suffira. Quelle sera cette
majorité ? en ce qui concerne les sociétés anonymes, nous avons des textes ; les art. 28 et 29 de la
loi de 1867 nous disent que les actionnaires com-
posant l'assemblée générale doivent représenter
le quart du capital social, faute de quoi il sera
procédé à une nouvelle assemblée générale, qui
délibérera valablement, quelle que soit la portion
du capital représentée ; dans tous les cas les délibérations sont prises à la majorité des voix. — En

ce qui touche les sociétés en commandite par actions, et dans le silence des textes, on comprendra qu'il nous soit impossible de fixer un minimum de représentation du capital social, au-dessous duquel ne seraient pas valables les délibérations de l'assemblée générale.

33. Qui pourra être liquidateur ? dans toutes les hypothèses où la mission de liquider est confiée à un mandataire, celui-ci peut être choisi par les associés sans que rien ne limite leur liberté. Aucune condition spéciale de capacité n'est requise de la part du liquidateur.

34. Quelles sont, en général, ses fonctions, et quelle est la nature de ses pouvoirs ? Le liquidateur est nommé pour liquider la société, pour réaliser le solde de toutes ses opérations. Ses pouvoirs sont ceux d'un mandataire pour l'accomplissement de son mandat. Mais notons bien qu'il n'est pas le mandataire des associés ; il est le mandataire de la société, de l'être moral qui subsiste toujours et contre lequel les associés n'ont encore qu'un pur droit mobilier, une créance au moins indéterminée. C'est là un principe dont nous tirerons d'importantes conséquences.

CHAPITRE IV.

ATTRIBUTIONS & POUVOIRS DU LIQUIDATEUR.

35. Le principe de toute cette matière vient d'être posé : le liquidateur est le mandataire de la société pour la liquidation du patrimoine social, c'est-à-dire pour la réalisation de ses droits actifs, et l'extinction de ses droits passifs en vue de la formation de la masse partageable.

36. Mandataire, il doit, tout d'abord, se mettre à même de remplir exactement son mandat et d'en rendre compte. C'est pourquoi, dès son entrée en fonctions et le plus tôt possible, il devra dresser inventaire des biens de la société, rassembler toutes les pièces nécessaires et utiles sur leur nombre, étendue, et valeur, et demander compte de leur gestion aux administrateurs ou

préposés de la société. — Mandataire nanti d'un
patrimoine, il doit faire tous les actes nécessaires
à la conservation de ce patrimoine, notamment
interrompre les prescriptions qui peuvent courir
contre lui, renouveler les inscriptions d'hypothèques qui garantissent ses créances, etc. — Sa
responsabilité de possesseur comptable ainsi mise
à couvert, il doit procéder à l'accomplissement de
son mandat.

37. De nombreuses controverses se sont élevées
sur les caractères et sur l'étendue de ce mandat,
sur les divers actes que l'idée de liquidation comprend et permet de faire et sur ceux qu'elle
repousse : la question est des plus délicates. — Il
est certain, d'abord, que le mandat de liquider
renferme des opérations multiples et non susceptibles de détermination préalable. On ne saurait le
confondre avec le mandat de faire tel acte aux conséquences certaines, d'hypothéquer tel immeuble,
par ex. Ce mandat pourrait être confié sans incon-
vénient à un homme notoirement incapable de gé-
rer ses propres affaires : pourquoi ? parce que,
comme mandataire, ses actes ne peuvent qu'avoir
la suite que précisément on en attend. Tout autre,
le mandat de liquider. Point caractéristique, le
mandant ici ne sait pas et ne peut pas savoir
quel sera le résultat de l'accomplissement du mandat. Il s'en remet donc à l'habileté de son mandataire : en le choisissant, il s'attache à trouver
chez lui ces qualités d'expérience et d'initiative

prudente nécessaires pour mener à bien une entreprise aussi complexe, mais il ne peut pas faire
autrement que de lui laisser une grande, très
grande liberté d'allure, et c'est ce qu'il ne faudra
jamais perdre de vue.

38. Mais, si indépendant que soit le liquidateur,
il ne peut pas pourtant agir complètement à sa
guise. Il doit faire siens les intérêts de son mandant, et tout ordonner pour le plus grand profit
de celui-ci : c'est là, pour nous, la seconde règle
du mandat de liquider, qui vient préciser ce que la
première avait d'indécis et corriger ce qu'elle avait
de trop large, et qui, par son harmonie avec elle,
produira le meilleur résultat, c'est-à-dire, la réalisation à sa plus haute valeur du patrimoine social.
Car, s'il n'est pas douteux que le liquidateur ne
puisse réaliser ce patrimoine, il n'est pas moins
évident qu'il ne le pourrait faire, indifféremment
d'une façon désavantageuse pour la société, et que
si par sa faute, il compromettait les intérêts de
celle-ci, il en serait responsable. — En résumé,
nous dirons que le liquidateur peut faire tous les
actes tendant à la réalisation du patrimoine social
la plus utile pour la société.

39. Nous pensons maintenant répondre à la
question souvent posée de savoir si le mandat de
liquider est général. Nous ne le pensons pas, d'un
côté, parceque le but à atteindre est expressément
indiqué, d'autre côté, parce que les moyens pour y
arriver ne sont autres que ceux que le liquidateur

pourra raisonnablement juger les plus avantageux
à la société.

40. Le principe, l'idée-mère du mandat de liquider ainsi exposée, il nous faut pénétrer davantage
sa notion, analyser ses éléments. Comme nous
l'avons déjà dit, le mandat de liquider se subdivise
en deux grandes parties, réaliser l'actif, éteindre
le passif de la société.

SECTION I.

Réalisation de l'actif.

41. L'actif social comprend deux sortes de
droits : des droits de créance et des droits de propriété. Pour les premiers il est clair que leur
réalisation normale consistera dans la poursuite
de leur paiement par les débiteurs sociaux. Nous
en concluons que le liquidateur peut recevoir valablement le paiement des créances sociales, et donner quittance aux débiteurs sociaux, ou main-levée
des hypothèques garantissant les créances sociales
réalisées, et si besoin est intenter une action en
justice pour recouvrer le montant des créances
impayées.

42. On peut également réaliser des créances

autrement qu'en recevant leur paiement, on peut
les céder, soit moyennant un prix, soit en paiement d'une de ses propres dettes : le liquidateur
pourra-t-il ainsi procéder ? Oui, répondrons-nous
s'il y a à cela avantage pour la liquidation, ce qui
se présentera presque toujours pour le second de
ces deux modes de réalisation, et quant au premier,
il est hors de doute que le meilleur moyen et le
plus prompt de réaliser des créances éventuelles,
indéterminées, à longue échéance, litigieuses même, c'est de les vendre. — Pourra-t-il céder des
créances par voie d'endossement ? la jurisprudence
l'a admis, mais la doctrine est divisée. Nous l'admettons, parce que c'est le mode de réalisation le
plus pratique pour certaines valeurs commerciales. On dit, dans l'opinion adverse, que ce serait
permettre au liquidateur d'ajouter de nouvelles
obligations au passif de la société : il nous est
facile de répondre que nous reconnaissons ce droit
au liquidateur toutes les fois qu'il le fera en vue
de faciliter ou d'améliorer la liquidation, qu'en
outre l'obligation de garantie qui nait contre la
société est tout éventuelle, et qu'enfin la société
ne peut pas être constituée en perte appréciable,
puisqu'elle a dû toucher le prix de la cession. —
Le liquidateur pourrait aussi régler par des traites
les comptes débiteurs de la société.

43. Quant aux choses appartenant en propriété à
la société, il faut distinguer celles qui formaient
l'objet du commerce de la société, et celles qui

n'y rentraient pas ; les premières seront réalisées par la vente, et incontestablement le liquidateur pourra les aliéner ; quant aux secondes, elles se composeront, par ex., de l'immeuble affecté à l'exploitation sociale, de l'outillage nécessaire à cette exploitation, des immeubles achetés en valeurs de réserve. On peut se demander quant à elles, si le liquidateur a mission de les transformer en argent ; si les statuts s'en expliquent, il faut les suivre, et de même pour la décision rendue par la majorité des associés. — Mais au cas où le liquidateur n'a reçu aucune instruction, notre opinion est qu'il doit tout réduire en argent. L'argent, représentation de toute valeur économique, est évidemment la forme sous laquelle tout membre d'une société commerciale envisage le bénéfice qu'il poursuit ; la forme qui donne au bénéfice sa valeur adéquate, et qui lui donne la plus grande utilité possible. Aucun motif d'affection ne rattache les associés aux biens dont il s'agit : ils ont été pour eux un instrument de gain par les revenus qu'ils leur ont procurés, ils le seront encore par leur vente au plus haut prix.

44. On peut rattacher à ce qui précède la question de savoir si le liquidateur peut continuer les affaires sociales. En principe, on doit lui refuser ce droit, la dissolution formant le point d'arrêt des opérations sociales. Mais personne n'est assez ignorant des faits de l'industrie et du commerce pour ne pas savoir à quel prix vil tombent les

usines les mieux montées, les fonds de commerce
les mieux aménagés, lorsqu'on les cède nus pour
ainsi dire, lorsqu'on ne cède que des murs et des
machines, des magasins et des bureaux. Ce qui
constitue la plus grande valeur de toute entreprise
commerciale, c'est sa vie, son mouvement, son
crédit, sa clientèle : nous n'apprendrons rien à
personne en disant que, dans bien des cas, la
cession d'un fonds de commerce ne porte que sur
cet objet, et que le prix n'en monte pas, souvent,
moins haut. Lors donc qu'une société commerciale prend fin, il est généralement nécessaire à la
bonne vente de son exploitation que toute dissoute
qu'elle est, elle continue ses affaires ; le liquidateur aura-t-il le droit, en vue de la réalisation de
l'actif social de ne pas laisser en souffrance le
mouvement du fonds social, de ne pas se borner à
l'exécution des marchés antérieurs, d'en contracter de nouveaux et de les multiplier si les circonstances sont favorables, pour augmenter le prix du
fonds social ? nous ne saurions lui refuser ce droit,
parce que nous y voyons un intérêt capital pour
la société, et que nous n'y voyons absolument
rien de contraire à une bonne liquidation ; mais
nous ne le lui accordons que lorsque dans le patrimoine social se trouve un fonds, susceptible d'être
vendu par sa nature et destiné à l'être dans l'intention des associés, et qui perdrait de sa vénalité
actuelle ou éventuelle par la cessation de son
exploitation.

SECTION II.

Extinction du passif.

45. La réalisation de l'actif ne suffit pas à liquider la société : la nécessité est tout aussi grande d'éteindre son passif. Le liquidateur devra donc payer les dettes sociales au fur et à mesure de leur échéance de telle sorte que la société ne soit pas mise en état de cessation de paiements. Si ces dettes étaient garanties par des hypothèques grevant les immeubles sociaux, il devrait en obtenir main-levée.

46. Parmi les dettes, il y aura sans doute la plus grande variété quant à l'origine, l'étendue, la modalité de chacune d'elles : et de même pour les créances. Le but du liquidateur et son grand art devront être de combiner ces deux éléments du patrimoine social, et de les faire se balancer jusqu'à due concurrence, sans avoir à demander aux associés de nouveaux fonds pour l'extinction des dettes au cas où il le pourrait. Il s'efforcera donc de prendre en vue de cette extinction les mesures les plus avantageuses au bien social.

47. Si telle échéance se présente où les dettes passives de la société atteignent un chiffre supérieur à l'encaisse, le liquidateur, l'encaisse épuisée, pourra recourir aux atermoiements, il obtiendra un nouveau délai ; si le créancier l'exige, il donnera des meubles en nantissement, il hypothé-

quera des immeubles. Si le créancier s'obstine à
refuser tout délai, il faudra recourir à l'emprunt,
car il vaut mieux emprunter, quitte à rembourser
au plus tôt, que d'être mis en faillite, même s'il
s'agit d'une société en liquidation. Ou bien alors,
le liquidateur pourra s'adresser aux associés pour
leur faire fournir la somme suffisante dans les cas
où ils en seraient tenus.

48. Mais supposons que le liquidateur trouve
dans l'actif ou le passif social des dettes contestables, soit dans leur étendue, soit même quant à
leur existence, ou encore des créances irrécou-
vrables pour la totalité. Faudra-t-il payer ces
dettes contestables ? Faudra-t-il faire un procès
pour obtenir leur annulation, sans être sûr d'y
parvenir ? Faudra-t-il exiger le tout, quitte à ne
rien avoir, ou accepter une partie de la dette pour
ne pas tout perdre ? Sans conteste, un homme
soucieux de ses intérêts n'hésiterait pas à consentir
une transaction, un compromis, un concordat,
plutôt que de s'exposer à tout perdre ou à tout
payer, plutôt que de faire les frais d'un procès,
parfois bien supérieurs à la valeur du litige, plutôt
que de passer par les lenteurs de la justice. Il y a
donc avantage dans certains cas à transiger, à
compromettre, à consentir un concordat : cela
nous suffit pour accorder les pouvoirs les plus larges dans ce sens au liquidateur. On a bien dit :
le mandat de transiger ne comprend pas celui de
compromettre, et on a voulu de là déduire que
pour compromettre il fallait un mandat spécial.

Mais on n'a jamais prouvé que le mandat de liquider une société commerciale ne comprît pas celui de faire les opérations les plus utiles et les plus avantageuses dans ce but, et que ce mandat n'impliquât point le mandat spécial de compromettre au cas échéant. Il est, pour nous, de présomption certaine que refuser au liquidateur le pouvoir de faire une opération avantageuse à la liquidation, quelle que soit cette opération, ce serait aller directement contre la volonté de son mandant.

49. Il peut y avoir dans le passif social des dettes affectées d'un vice certain, au point de rendre leur annulation inévitable. Le liquidateur aurait tort de les payer intégralement, ou même d'en accepter quittance contre paiement d'une partie de leur montant ; il devra, dans cette occurrence, attendre les poursuites du créancier social, il devra défendre en justice la cause de la société, et ainsi faire prononcer la nullité de cette dette. Suivant les circonstances, il pourra être utile de prendre les devants, et d'assigner le créancier en annulation de sa créance.

50. Reste à dire un mot des dettes conditionnelles ou à terme. La novation, dans bien des cas, présentera avantage, et, si elle est possible, le liquidateur aura qualité pour y procéder. Si non, le liquidateur devra réserver les fonds nécessaires à leur acquittement. Si la condition défaillit, les fonds affectés au paiement de la créance conditionnelle feront retour à la masse partageable.

CHAPITRE V.

RAPPORTS DU LIQUIDATEUR AVEC LES TIERS.

———

51. Nous venons de voir quels étaient en eux-mêmes les pouvoirs du liquidateur. Nous allons maintenant les envisager dans ses rapports avec les tiers, c'est-à-dire, avec tous ceux qui ne sont pas associés. Vis à vis d'eux, le principe fonda-mental est que le liquidateur n'est que le repré-sentant de la société, au même titre que l'admi-nistrateur ou le gérant avant la dissolution, avec cette seule différence que le mandat de celui-ci a pour objet l'exploitation du commerce de la société, et le mandat de celui-là, sa liquidation ; et encore cette différence n'influe-t-elle aucune-ment sur la nature de leurs rapports avec les tiers qui, dans un cas comme dans l'autre, ont en face d'eux un mandataire de la société.

52. Cette qualité de mandataire étant l'origine du pouvoir du liquidateur, on comprend que les tiers soient en droit d'en exiger la preuve. Le liquidateur sera donc tenu de la leur fournir, soit, s'il est liquidateur statutaire, en produisant les statuts, soit, s'il a été nommé par une délibération des associés en exhibant cette délibération.

53. Quant aux débiteurs sociaux, nous avons vu que le liquidateur a qualité pour recevoir le paiement de leurs dettes ; ajoutons que, seul, il peut leur donner quittance, et que le paiement fait par eux à un associé, en tant qu'associé, même pour sa part, serait absolument nul comme étant fait à un autre que le créancier, la société, ou son représentant, le liquidateur. Seul aussi, par conséquent, le liquidateur peut donner main-levée des sûretés accessoires à la créance sociale : le pourrait-il avant l'extinction de cette créance ? nous ne le pensons pas, car nous ne voyons guère de quel intérêt cela serait pour la liquidation.

54. C'est également lui seul qui peut introduire une action en justice contre les débiteurs sociaux, pour obtenir leur condamnation au profit de la société ; de même, seul, il peut continuer et reprendre les instances commencées par l'administrateur ou le gérant avant la dissolution. Il peut aussi faire exécuter toute condamnation obtenue par la société contre ses débiteurs. — Comme on le voit, entre les débiteurs sociaux et le liquidateur, s'applique purement et simplement le prin-

cipe de la représentation du mandant par le mandataire, et cela, jusqu'à la fin du mandat, jusqu'à
la liquidation terminée.

55. Quant aux créanciers sociaux, il est certain
qu'ils peuvent poursuivre le liquidateur, en tant
que représentant de la société, notamment, s'ils
n'ont pas de titre exécutoire, qu'ils peuvent le faire
condamner pour pouvoir ensuite procéder aux
voies d'exécution ; ils peuvent également le poursuivre en tant que possesseur d'un patrimoine qui
forme leur gage, notamment, ils peuvent saisir
entre ses mains un immeuble social.

56. Mais conservent-ils, après la dissolution,
l'action qu'ils auraient pu auparavant diriger contre les associés personnellement ? oui, sans doute,
car ni la dissolution, ni la liquidation ne peut leur
enlever ce droit, et la liquidation aura seulement
pour effet de leur permettre d'agir en outre contre
le liquidateur de la société.

57. Le liquidateur répond à toutes actions diri-
gées contre la société; nous avons vu qu'il pouvait
les prévenir par un compromis ou une transaction; si elles sont justement fondées, l'acquiesce-
ment est pour lui un devoir, et même il ne doit pas
attendre les poursuites des créanciers pour éteindre par le paiement leurs créances, sauf à discuter
et arrêter préalablement leurs comptes. — Le
liquidateur en résumé est le représentant de la
société pour toutes dettes antérieures à la dissolution.

58. Après la dissolution, des dettes nouvelles s'ajoutent forcément au passif de la société, notamment les dépenses d'entretien et de conservation du patrimoine social : à quelles conditions seront-elles qualifiées dettes sociales ? La société subsistant pendant sa liquidation avec une pleine capacité, elle peut donc s'obliger par l'organe de son mandataire, le liquidateur ; toutes les fois donc que celui-ci agira pour la société, naîtront contre elle de nouvelles obligations à l'égard des tiers, suivant les principes généraux du mandat, sans qu'elles s'arrêtent un seul instant sur la tête du liquidateur. Mais, il en serait autrement, et il serait obligé si dans les contrats passés une clause expresse l'avait ainsi formulé, ou encore, s'il était associé et comme tel tenu des dettes sociales, ou enfin, si excédant les bornes de son mandat, il n'en avait pas donné suffisante connaissance aux tiers avec qui il avait contracté.

59. Est-il nécessaire d'ajouter que, de même, le liquidateur, en obligeant les tiers n'en acquerrait le bénéfice que pour la société. — Les principes précédents s'appliqueront tant que la révocation du liquidateur, si elle a lieu, n'aura pas été portée à la connaissance des tiers conformément à l'art. 2005, C. Civ.

CHAPITRE VI.

RAPPORTS DU LIQUIDATEUR AVEC LES ASSOCIÉS.

60. A l'égard des associés la situation du liquidateur n'est pas sans présenter un caractère plus complexe qu'à l'égard des tiers. D'un côté, il est certain que, mandataire de l'être moral-société, le liquidateur peut et doit à certains points de vue traiter les associés comme des créanciers, ou des débiteurs sociaux, comme des tiers, d'un autre côté, les associés sont les membres de la société, et si leurs personnes se distinguent de la personnalité de la société, elles n'en sont pas moins ses créatrices, et finalement, ses héritières pour ainsi dire, ses ayants cause, et, à ce point de vue, les rapports du liquidateur avec les associés pris en masse et collectivement sont ceux d'un manda-

taire avec son mandant. D'où deux sections à ce chapitre.

SECTION I.

61. De la personnalité morale des sociétés commerciales découle la conséquence que chaque associé pris individuellement peut créer et entretenir entre lui et la société les mêmes relations qu'entre lui et un tiers non associé. Il a été formulé à ce principe une exception par l'art. 40 de la loi de 1867, mais cette exception, faite pour écarter la fraude, met davantage en lumière la règle fondamentale que pour un associé la société est un tiers. C'est ainsi qu'il peut être lié avec elle par des liens de droit aussi multiples que divers, créances ou dettes. C'est ainsi que, si son apport n'a pas été complètement versé dès le principe, si son apport est un apport de jouissance, il est tenu vis à vis de la société de le verser intégralement quant à l'étendue en propriété, et quant à la durée en jouissance. C'est ainsi qu'il peut passer des marchés avec la société, entrer en compte avec elle, se comporter en un mot vis à vis d'elle comme vis à vis de tout autre commerçant. — En somme, tous ces liens de droit naissent ou de sa qualité d'associé, ou des contrats

qu'il a passés avec la société à titre de simple
commerçante.

62. En tant qu'associé, l'on est tout d'abord
obligé de verser son apport à la société. Représentant de celle-ci, le liquidateur a donc le droit
d'exiger de tout associé qu'il effectue ou complète
son apport, car il ne fait par là que constituer le
patrimoine social tel que les statuts l'ont formé et
qu'il doit être partagé entre tous. Ne pas l'exiger
serait même aller contre le pacte fondamental et
briser l'égalité sociale ! — Pourtant, dans l'hypothèse d'apports rigoureusement équipollents, de
sociétés par actions, il est certain que, si chacun
des associés n'avait versé qu'une quote-part, iden-
tique pour tous, de ses actions, et si d'ailleurs
toutes les dettes sociales étaient éteintes, il devien-
drait inutile de demander à tous les associés de
verser le complément de leurs actions : car il faudrait leur rendre d'une main, ce que de l'autre on
leur prendrait, ce serait là une mesure désavantageuse, et par suite interdite au liquidateur. —
Hors ce cas, ce serait méconnaître profondément
les obligations réciproques des associés que de ne
pas exiger de chacun d'eux l'accomplissement de
sa mise : c'est là un droit acquis, non seulement
pour la société, mais aussi pour les tiers, et l'on
en doit conclure à l'impossibilité pour le liquidateur (comme pour l'assemblée des associés elle-
même), de faire remise de son apport à l'un des associés.

63. L'actionnaire et le commanditaire ne sont tenus des dettes sociales qu'à concurrence de leur apport, et c'est là évidemment, tout ce que, à ce point de vue du moins, le liquidateur peut leur demander ; le gérant d'une commandite, les associés en nom collectif sont tenus au contraire, in infinitum, des dettes sociales : le liquidateur, qui sans doute peut leur réclamer leurs apports, ceux-ci ne suffisant point à l'extinction des dettes sociales, pourrait-il leur demander le surplus nécessaire à cette extinction ? le mandat pur et simple de liquider ne semble pas lui conférer ce droit, mais, dans telles circonstances données où ses pouvoirs auront été étendus jusque là, explicitement, ou implicitement, on ne pourra point le lui refuser.

64. L'apport est l'obligation primordiale des asssociés à l'égard de la société, mais cette obligation peut n'être pas la seule. Notamment tout associé chargé de la gestion est responsable de sa gestion : si ses actes n'ont pas reçu l'approbation de la société par l'organe de la majorité des associés, la société conserve contre lui une action en reddition de compte, et, s'il y a lieu, une action en réparation du dommage causé ; le liquidateur aura sans doute qualité pour l'intenter. Et de même pour l'action en responsabilité contre les membres du conseil de surveillance ou les commissaires. — Si l'on admet que l'art. 27, C. Comm.. qui prohibe l'immixtion des commanditaires dans

la gestion sociale, et l'art. 10 de la loi de 1867 qui
autorise la répétition des dividendes fictifs, ont
disposé aussi bien dans l'intérêt de la société que
dans celui des tiers, il faudra accorder à la société
ou à son représentant, le liquidateur, le pouvoir
d'exercer contre les associés visés par ces articles
les actions qu'ils lui donnent.

65. Il peut arriver aussi qu'un associé trouve
dans son titre l'origine ou la cause des créances
contre la société, et par suite contre le liquidateur.
Par ex., un associé en nom collectif paiera la totalité d'une dette sociale sur les poursuites directes
d'un créancier de la société : si celle-ci a un
excédant d'actif, il est évident que cet associé
pourra demander au liquidateur la récompense de
ce qu'il a payé pour la société et qui ne devait pas
rester à sa charge. — Enfin, en entrant dans la
société un associé a pu convenir que la société
n'aurait que la jouissance de son apport, ou bien
que, tout en transférant à la société la propriété
de son apport, il aurait le droit d'en prélever la
valeur après la dissolution ; dans ces hypothèses
ou autres semblables, l'associé agira contre la
société dans la personne de son liquidateur en
prélèvement de son apport. — Passons maintenant
aux obligations où la qualité d'associé, tout à fait
étrangère à leur formation, n'est pas à considérer.

66. Ces obligations, nées des contrats passés,
en dehors du contrat de société, entre l'associé et la
société, sont régies par le droit commun, auquel

une seule exception a été apportée par l'art. 40 de
la loi de 1867. Encore suffira-t-il à l'administrateur
d'une société anonyme pour pouvoir librement
conclure des marchés avec la société, d'obtenir
l'autorisation de l'assemblée générale.

67. Une observation avant de finir sur les rapports du liquidateur avec les associés comme
débiteurs ou créanciers de la société : c'est que
les créances résultant de contrats passés par un
associé avec la société peuvent parfaitement se
compenser avec les dettes qui pourraient résulter
de sa qualité d'associé et réciproquement. Il n'y a
pas de raison pour que ne s'applique pas ici ce
mode d'extinction des obligations. C'est ainsi, par
ex., que si au moment de l'appel du complément
des actions, un actionnaire est créancier de la
société pour une somme liquide et exigible, la
coexistence de ces deux créances les fera s'éteindre
réciproquement jusqu'à due concurrence.

SECTION II.

68. Abordant l'examen des relations qui s'élèvent entre les associés pris collectivement et le
liquidateur à raison de son mandat, nous allons
successivement étudier les obligations et les droits
du liquidateur vis-à-vis de son mandant.

69. Comme tout mandataire, le liquidateur est obligé d'abord d'exécuter son mandat, ensuite d'en rendre compte. Le premier devoir du liquidateur est donc de remplir son mandat avec tous les soins d'un bon père de famille, selon la règle édictée par l'art. 1237 C. Civ. et rappelée dans l'art. 1993, C. Civ. Nous avons vu ce que renfermait son mandat, nous n'avons plus qu'à nous occuper de la façon dont il doit remplir sa mission.

70. En entrant en possession du patrimoine social, déjà nous l'avons dit, le liquidateur doit, pour se garantir de tout recours, dresser inventaire des biens de la société. En cas où des scellés auraient été apposés, il devrait en requérir la levée. — Pour justifier ce que l'on peut appeler sa gestion, il devra tenir des livres réguliers comme tout commerçant ; et si la liquidation menace de durer quelque temps, il sera bon que le liquidateur dresse périodiquement des états de situation et les soumette aux délibérations des associés, qu'il fasse part à ceux-ci des opérations réalisées, de celles en cours d'exécution, de celles qui ne sont que projetées, en un mot qu'il montre à son mandant le chemin parcouru et la route à faire, afin d'obtenir de lui des instructions précises qui mettent à couvert sa propre responsabilité.

71. Que le liquidateur soit responsable du dol commis dans l'exécution de son mandat, cela ne fait pas doute ; si par mauvaise foi il remplit son mandat de manière à nuire aux intérêts de son

mandant, ou si frauduleusement il s'abstient de
l'accomplir, il se rend coupable d'une véritable
trahison, et l'on comprend que sa responsabilité
ne comporte alors ni atténuation, ni tempérament.
Pont, Mandat, n° 989. — Ceci s'entend du dol
au point de vue de la loi civile ; la loi pénale
conserve toute sa vigueur pour les cas rentrant
dans son domaine d'application.

72. Mais ce n'est pas assez pour le liquidateur
d'agir de bonne foi, il doit être sans faute, et ici
la question devient plus délicate. Le mandataire,
en principe, est responsable de toute faute que
n'aurait pas commise un bon père de famille ;
ce sera donc là aussi la mesure de la responsabilité du liquidateur. Mais, en précisant cette
règle, on verra que pour juger la conduite du liquidateur, il ne faudra pas se borner à l'examen
des conséquences de tel de ses actes, il faudra
surtout voir, si au moment où il a été passé, cet
acte était justifiable aux yeux d'un bon père de
famille. Car le liquidateur a été choisi en considération de ses qualités personnelles, et que peut-on
lui reprocher dès qu'il a accompli tout ce qu'on
attendait de lui, dès que, selon son droit et son
devoir, il a mis en jeu ses connaissances et ses
facultés pour apprécier sainement les mesures à
prendre, dès qu'il a suivi les conseils de la pru-
dence et de l'intérêt social. — Par application de
ces maximes, si le liquidateur a laissé sans les
poursuivre dès l'échéance de leurs dettes des débi-

teurs sociaux, et si postérieurement ils étaient
devenus insolvables, le liquidateur serait responsable du non-paiement de ces dettes ; mais, si dès
avant l'échéance, il était certain que toute poursuite contre ces débiteurs serait inutile, non
seulement sa responsabilité de liquidateur quant
à leur insolvabilité s'évanouirait, mais même l'on
peut dire, que s'il agissait contre eux, il sortirait
de son mandat. Et encore s'il vendait les mar-
chandises de la société, à un cours déjà élevé,
mais avant une hausse que l'on ne pouvait prévoir,
nous ne voyons pas qui pourrait l'en blâmer. —
Enfin, il ne faut pas douter que les cas fortuits ou
de force majeure ne restent étrangers à la responsabilité du liquidateur.

73. Du caractère de considération personnelle
attaché au mandat de liquider, l'on peut déduire
que le liquidateur sera plus facilement présumé
avoir renoncer au droit de se substituer quelqu'un
pour l'exécution de son mandat. Si, en tous cas, il
usait de ce droit, il resterait pleinement responsable vis-à-vis de la société, de ses propres actes
d'abord, et aussi des actes de son substitué, sauf
son recours contre celui-ci, le cas échéant. Voilà
pour l'obligation d'exécuter le mandat.

74. Voyons maintenant l'obligation de rendre
compte. Cette obligation se comprend surtout
lorsque le mandat comme ici celui de liquider,
renferme des opérations variées et multiples. Elle
naît sans doute, avec le mandat, mais en principe,

son accomplissement n'est rendu exigible que par la cessation du mandat ; si donc les associés ne l'exigent auparavant, le liquidateur rendra compte après la liquidation terminée. Aussi en parlerons-nous en même temps que des effets de la liquidation.

75. Quant aux droits du liquidateur à l'égard des associés, leur mesure ne pouvant être évaluée qu'après la fin de la liquidation, nous sommes autorisés à renvoyer plus loin leur étude. Disons seulement ici que la société lui doit le remboursement de ses avances et frais, le paiement de son salaire, et la réparation de ses pertes.

CHAPITRE VII.

COMMENT PRENNENT FIN LES POUVOIRS DU LIQUIDATEUR.

76. Divers événements mettent un terme aux fonctions du liquidateur. Normalement c'est la consommation de l'affaire qui arrête les pouvoirs du mandataire. Ici donc l'achèvement de la liquidation opérera de même à l'égard du liquidateur. Mais, peut-on se demander, quand la liquidation sera-t-elle achevée ? D'après ce que nous avons dit de son but, il est facile de répondre que ce sera lorsque d'une part l'actif aura été réalisé, et que, d'autre part le passif aura été éteint, lorsque les associés se trouveront en face d'une masse commune et toute partageable, ce qui ne se produira

qu'au moment où le liquidateur aura rendu ses comptes et les aura fait agréer.

77. Contrairement à une théorie nous ne pensons pas que le mandat de liquider comprenne celui de procéder au partage. Quid, si pourtant le liquidateur y a procédé ? Nous voyons dans ce fait une cause de responsabilité pour le liquidateur à l'égard des associés ; il excède les limites de son mandat, cela, pour nous, est certain. Mais le liquidateur n'en serait pas responsable à ce qu'il nous semble, vis à vis des tiers, qui sont et restent étrangers au mandat que lui avait confié la société.

78. Nous mentionnons pour mémoire l'expiration du temps fixé et l'événement de la condition qui peuvent éteindre les pouvoirs du liquidateur, au cas peu probable d'ailleurs où leur nomination aurait été soumise à de pareilles modalités. — La mort du liquidateur met fin à ses pouvoirs, cela est évident : ses héritiers doivent en aviser la société et prendre les mesures urgentes. — Le changement d'état du mandant ou du mandataire arrête les pouvoirs de celui-ci. Quant au mandant, ce changement d'état ne peut être que la faillite de la société ; quant au liquidateur, ce peut être ou son interdiction, ou sa faillite.

79. Restent comme causes d'extinction des pouvoirs du liquidateur, la renonciation qu'il en fait lui-même et la révocation qu'en prononce la

société, son mandant. A l'instar de tout mandataire, le liquidateur peut résigner ses fonctions, et
se décharger en même temps de la responsabilité
qu'il avait assumée. Ce pouvoir d'abdication ne
saurait être exercé d'une façon inopportune et
préjudiciable aux intérêts sociaux, à moins que
l'exécution du mandat ne causât un grave préjudice au liquidateur lui-même. Comment celui-ci
usera-t-il de son droit ? le plus souvent il convo-
quera l'assemblée générale de la société, et, noti-
fiant l'intention qu'il a d'abandonner la mission
qui lui avait été confiée, il demandera qu'on lui
nomme un sucesseur. — Il va sans dire que si un
salaire a été stipulé pour le liquidateur, ce qui
sera fréquent en matière de commerce, il sera
proportionné aux services fournis par le liquidateur.

80. Il est des cas exceptionnels où cette faculté
de renonciation n'appartient pas au liquidateur :
c'est lorsque le mandat de liquider lui a été donné
comme condition d'une convention synallagma-
tique passée avec la société, lorsque lui-même est
associé et que les statuts le désignent comme
liquidateur. Il faudrait alors l'unanimité de tous
les associés pour permettre au liquidateur de dé-
laisser ses fonctions. Et de même pour le cas où le
liquidateur en acceptant ses fonctions se serait
chargé de la liquidation à ses risques et périls,
dégageant les associés de toute obligation aux
dettes dont il aurait fait son affaire personnelle.

81. La révocation du mandat par la société est la dernière cause d'extinction des pouvoirs du liquidateur. Ecartons d'abord un cas où ce droit de révocation n'existe pas, celui où la renonciation du mandataire n'est pas possible, celui où le mandat de liquider confié à un associé résulte de la convention initiale que chacun a le droit d'invoquer contre tous. Pour anéantir cette clause, il faudrait l'unanime consentement de tous les associés, et par suite, le consentement de l'associé liquidateur lui-même : il n'y aurait plus là révocation proprement dite. — Si la nomination du liquidateur, sans porter sur un associé, était insérée aux statuts, le contrat serait sans doute obligatoire pour toutes les parties, et c'est ce qui fait que pour en arrêter l'effet, il faudrait l'unanimité des associés, mais de ce que le liquidateur a été étranger à cette nomination, il est facile de conclure que son consentement ne serait point requis pour sa révocation. — Les principes qui précèdent sont applicables partout où l'unanimité est requise pour la nomination du liquidateur, comme dans les sociétés de personnes.

82. Dans les sociétés de capitaux dont les statuts n'ont pas désigné le liquidateur, nous avons vu que la majorité des associés avait tous pouvoirs pour le nommer. Par corrélation, cette majorité pourrra le révoquer, soit expressément, soit implicitement, en nommant un nouveau liqui-

dateur, sauf la saine appréciation des circonstances.

83. Brièvement nous allons voir comment les
divers événements extinctifs des pouvoirs du liquidateur, opèrent à l'égard de la société, du liquidateur et des tiers. Dès l'instant où ils se sont
produits, les principes appliqués dans leur rigueur
conduiraient à l'annulation de tout ce qui serait
fait par la suite sous le prétexte du mandat, à la
cessation absolue et immédiate des pouvoirs et
aussi des devoirs du liquidateur. Mais des déro-
gations bien justifiées ont été apportées à ces
principes. Et d'abord le liquidateur est tenu, son
mandat déjà terminé, d'accomplir tout ce qui est
une suite nécessaire de ce qu'il a commencé. Si la
cause de cessation du mandat était survenue dans
sa personne, s'il était mort, ses héritiers devraient
prendre les mesures urgentes.

84. La cessation du mandat n'a effet à l'égard
du liquidateur que lorsque elle lui a été notifiée,
ou qu'autrement il en a eu connaissance. Et de
même à l'égard des tiers avec qui le liquidateur
aurait passé des contrats. D'où l'on voit de quel
intérêt est pour la société la prompte publication
du changement de liquidateur.

CHAPITRE VIII·

EFFETS DE LA LIQUIDATION.

———

85. Sous cette rubrique, nous avons, on peut se
le rappeler, à traiter de l'obligation de rendre
compte qui incombe au liquidateur, des diverses
obligations qui peuvent naître à la charge de la
société vis à vis du liquidateur, et principalement
de la situation créée à l'égard du liquidateur, des
associés et des tiers, par les opérations terminées
de la liquidation. — Nous étudierons donc cette
situation dans trois paragraphes distincts où nous
ferons facilement rentrer l'analyse des obligations
spéciales mentionnées plus haut.

86. — I. *Effets à l'égard du liquidateur.* Lorsque le liquidateur a réalisé ou éteint les droits

actifs ou passifs compris dans le patrimoine social et nés de l'exploitation du commerce de la société, il lui reste encore à réaliser une créance sociale, et à éteindre une dette sociale, à réaliser la créance que le mandat de liquider à lui confié a créée à l'actif de la société, et à éteindre la dette que l'exécution de son mandat a pu faire naître contre la société. En un mot, il doit rendre compte. Cette obligation, normalement, devient exigible après la fin des opérations liquidatives; elle le serait toutes les fois que le mandat d'un liquidateur aurait pris fin. — Sur quoi repose cette obligation ? sur la nécessité d'établir d'un côté les recettes et d'autre côté les dépenses faites par le liquidateur pour faire ressortir ou l'excédant des recettes sur les dépenses qui constitue la masse partageable, ou leur égalité, ou enfin le solde débiteur. Elle a aussi pour but de sanctionner l'exécution du mandat confié au liquidateur.

87. Le liquidateur doit donc dresser état de tout ce qui a passé par ses mains. Au compte de la recette, il inscrira tout ce qu'il a reçu en qualité de liquidateur, les dommages et intérêts que son dol ou sa faute lui crée l'obligation de payer à la société, et les intérêts des capitaux sociaux qu'il aurait employés à son usage à dater de cet emploi. — Au compte de la dépense, le liquidateur portera tout ce qu'il a payé à la décharge de la société; s'il l'a fait avec ses propres capitaux, et que les associés tenus envers les créanciers lui en soient

redevables, le montant de ses avances avec les intérêts à dater du jour des avances constatées (sa part dans la dette déduite, si lui-même était associé et tenu personnellement) ; les frais qu'il a faits pour exécuter son mandat ; les pertes qu'a pu lui causer sa gestion, et son salaire, s'il en a été promis.

88. Le compte ainsi établi, le liquidateur devra réunir les associés pour obtenir d'eux sa décharge. Il discutera avec eux, si besoin est, chaque article du compte, apportera à l'appui de ses évaluations les pièces les plus probantes, pour arriver finalement à l'accord qui, constaté par un vote, ratifiera pleinement ses opérations, en le déclarant quitte de toute responsabilité. C'est là la meilleure ligne de conduite à suivre.

89. Mais si les associés refusaient de recevoir son compte, ou s'ils n'en admettaient pas la teneur, le liquidateur pourrait parfaitement assigner la société devant la justice ; et de même pour la société à l'égard du liquidateur si celui-ci refusait de rendre son compte. Il n'y aurait là que l'exécution judiciaire du contrat de mandat ; mais la société devrait nommer, évidemment, un nouveau représentant de ses intérêts. — Il est clair que si la société laisse s'écouler 30 ans après la fin des opérations liquidatives, son action en reddition de compte contre le liquidateur sera prescrite : mais le cas est peu pratique.

90. Voilà les règles principales de l'obligation de rendre compte née à la charge du liquidateur. Ajoutons qu'elle n'est accomplie que par la mise entre les mains de la société du reliquat dont le liquidateur peut être nanti. Et en effet tant qu'elle n'a pas eu lieu, la créance de la société contre le liquidateur n'est pas réalisée, la liquidation ne peut s'achever.

91. Quels vont être maintenant les rapports du liquidateur avec les tiers, avec les créanciers sociaux ? Il avait pu être poursuivi par eux comme représentant de la société ; il ne l'est plus, et c'est donc à bon droit qu'il repousserait toute prétention dirigée par eux contre lui à ce titre Il avait encore pu l'être comme détenteur d'un patrimoine qui était leur gage; il sera donc pleinement dégagé vis à vis d'eux en leur produisant la décharge que la société a dû lui en remettre. Le fait lui-même de la liquidation, le mandat qu'il a reçu de la société n'a pas été pour lui une cause d'obligation à l'égard des tiers; il doit donc être à l'abri de toute attaque de la part des créanciers sociaux.

92. II. *Effets à l'égard des associés.* — Lorsque tous les droits sociaux ont été éteints ou réalisés, que le liquidateur a rendu et fait agréer son compte, qu'en un mot la liquidation est terminée, la personnalité de la société qui ne survivait à la dissolution qu'à cause de cette liquidation, n'a plus de raison d'être, et elle disparaît pour faire place à

une réunion de communistes, toutes les fois du
moins qu'une chose indivise reste qui constitue
l'excédant d'actif du patrimoine social. Dès lors et
dans cette hypothèse s'appliquent entre les associés toutes les règles qui régissent l'état de communauté ; le droit principal qui en résultera sera
incontestablement celui de demander le partage,
puisque d'ailleurs, le partage même des bénéfices
est le but même de la société ; autre conséquence,
le partage effectué postérieurement sera soumis
au principe de l'art. 883, et rétroagira au jour de
la liquidation clôturée.

93. — III. *Effets à l'égard des tiers.* — Nous
avons déjà vu que la liquidation, en elle-même
n'apportait aucune modification dans les rapports
des tiers avec la société. Puisque celle-ci subsiste
ils peuvent la poursuivre, agir sur son patrimoine
comme avant sa dissolution. Lorsqu'elle a dispa-
ru par l'achèvement de la liquidation, normalement les tiers n'en peuvent être affectés : s'ils
étaient ses débiteurs, ils ont dû payer leurs dettes ;
s'ils étaient ses créanciers ils ont dû réaliser leurs
droits contre la société. Les relations des tiers
avec les associés à raison d'actes relatifs à la société disparue ne se comprennent donc que dans
le cas où la liquidation n'a pas été entièrement
faite, où elle a été cloturée avant l'extinction
d'une dette sociale dont l'existence a pu échapper
au liquidateur. Ce créancier social ne pourra pas

faire revivre son ancienne débitrice ; force lui sera
donc bien de s'adresser à ses ayant cause, en
admettant que son droit de créance puisse s'exercer contre eux, soit parce qu'il y avait un excédant
d'actif, soit parce qu'ils étaient débiteurs person-
nels. En tous cas son action contre les associés
se prescrit par un laps de temps exceptionnelle-
ment réduit à 5 ans par l'art. 64, C. Comm., dont
il nous reste à parler.

CHAPITRE IX.

PRESCRIPTION.

---

94. Tant que dure la société, la prescription contre les associés est soumise au droit commun. Si la dissolution survient, et si elle est publiée, l'art. 64, C. Comm., dit que toutes actions contre les associés non liquidateurs seront prescrites 5 ans après cette époque. Cet article a été l'objet d'explications diverses, de commentaires nombreux. Nous ne pouvons pas évidemment les reprendre un à un, étant donné le cadre restreint de notre étude. Nous nous contenterons d'exposer le système que nous considérons à la fois comme le plus ingénieux et le plus logique, et qui d'ailleurs est revêtu de la plus éminente autorité.

95. Quels sont, au préalable, les motifs de cette

prescription ? On peut dire d'abord qu'elle est due à la sécurité que le législateur devait accorder plus facilement à ceux qui mettent leurs capitaux dans les sociétés commerciales, instruments économiques de la plus grande utilité pour le pays ; ensuite, qu'il y a présomption que l'actif social dont était nanti le liquidateur suffisait à l'extinction du passif ; enfin que les associés non liquidateurs sont restés étrangers à la liquidation et ne sauraient être rendus responsables de sa non-intégrale exécution. (Voir, sur l'origine de l'art. 64, Deloison, sociétés commerciales, 1882, n° 141). On peut ajouter que si un associé pouvait être poursuivi après les 5 ans, nombre de ses coassociés seraient peut-être devenus insolvables, et dès lors son recours contre eux aurait été inutile : l'égalité entre associés eût été rompue. — De la généralité de ces motifs, et de la généralité des termes de l'art. 64, nous pouvons conclure à l'universalité d'application de cet article, en matière de sociétés de capitaux comme en matière de sociétés de personnes. — Pour les mêmes raisons, nous étendrons la prescription, avec la jurisprudence, aux dettes des associés quelle que soit leur cause, qu'elles tiennent leur origine des dettes antérieures à la dissolution, qu'elles lui soient postérieures ou qu'elles dérivent d'une répartition anticipée de l'actif social.

96. Quels sont ceux qui en jouissent ? la question est grandement controversée. Le texte de l'art. 64

ne parle que des actions contre les associés non liquidateurs. On en conclut d'abord que la dite prescription ne s'applique pas entre associés, et cette opinion, corroborée d'ailleurs par les travaux préparatoires, s'appuie encore sur la fin de l'art. 64 qui fait courir le délai du jour de la publication de la dissolution, publication parfaitement inutile entre les associés. — Mais quelle sera la situation de l'associé liquidateur ? Si nous ne distinguons pas chez lui deux personnes, l'associé et le liquidateur, et si nous n'accordons pas à la première le bénéfice dont jouissent tous les autres associés, il arrivera que l'associé liquidateur pouvant être poursuivi pendant 30 ans pour les dettes sociales, et pouvant lui-même pendant 30 ans poursuivre ses coassociés, les créanciers sociaux pourront, de son chef, agir pendant 30 ans contre tous les associés ! il arrivera que les associés verront leur situation à l'égard des créanciers sociaux varier du tout au tout, selon qu'ils auront pris leur liquidateur hors la société ou parmi eux ! ces deux conséquences auraient pour effet, l'une, de rendre presque lettre morte la grande faveur que l'art. 64 paraît accorder aux associés, et l'autre, d'en faire dépendre le bénéfice d'une circonstance, souvent due au hasard, et en tous cas, parfaitement étrangère à la chose ! Par suite nous accorderons à l'associé liquidateur le bénéfice de l'art. 64, en tant qu'associé, sans que l'on nous puisse d'ailleurs opposer les termes res-trictifs de cet art., car s'il dit que toutes actions contre les associés non liquidateurs seront prescrites par cinq ans, on en peut déduire par a contrario seulement que toutes actions contre les associés liquidateurs ne sont pas prescrites par cinq ans, et c'est ce que nous admettons nous mêmes, en disant que l'associé liquidateur, comme tout simple liquidateur, peut être poursuivi pendant 30 ans dans la mesure que nous allons avoir à préciser.

97. Quelle est donc la situation du simple liquidateur, ou de l'associé liquidateur en tant que liquidateur, après les 5 ans ? Sa qualité de représentant de la société ne s'évanouissant pas, il faut dire qu'à ce titre, il demeure responsable à l'égard des créanciers sociaux, et qu'il devra les payer sur tous les biens qui sont entre ses mains ; en outre, comme mandataire, nait, de la société contre lui, une action qui forme évidemment une valeur sociale, et qui est par suite le gage des créanciers sociaux ; tant qu'elle ne sera pas éteinte, ceux-ci pourront l'exercer, et ainsi se faire indemniser du préjudice que le liquidateur par sa conduite aura pu leur causer. Mais, si l'on ne peut relever aucune faute contre le liquidateur, s'il a employé tous les biens dont il a été nanti, comment ne pas le déclarer indemne ?

98. Entrons maintenant dans l'économie intérieure de cette nouvelle prescription. Remarquons d'abord que l'art. 64 a voulu accorder une faveur aux associés, et non leur retirer des droits par ailleurs acquis ; si notamment, avant l'expiration

du délai de 5 ans fixé par cet art., une dette sociale était éteinte à un autre titre, le bénéfice de cette extinction resterait tout entier aux associés.

99. Le délai nécessaire à la prescription est, avons-nous dit, de cinq ans : mais à compter de quel moment courent les 5 ans ? dans la discussion de l'art. 64, il a été question de les faire courir de la clôture de la liquidation, mais cette opinion ne fut pas adoptée et il a été formellement dit que le délai partirait du jour où l'acte de dissolution aurait été affiché, soit, du jour de la publication de la dissolution, toutes les fois où cette publication est nécessaire.

100. Ce délai de 5 ans peut être augmenté, à raison d'interruptions ou de suspensions. — La prescription peut être interrompue d'abord par une poursuite judiciaire : le cas est prévu dans l'art. 64 lui-même, in fine. Mais nous ne voyons pas de raison pour ne pas accorder cet effet à la reconnaissance que ferait l'associé de sa dette.

101. Parmi les causes de suspension, il en est qui tiennent à la nature même de l'action à prescrire : tel, le terme, telle, la condition. Aucun motif ne nous autorise à déroger ici à l'effet général que la loi a voulu justement leur donner. — Mais la non-liquidation d'une dette ne préviendrait d'aucune façon sa prescription ; cette hypothèse, objectée lors de la discussion de l'art. 64 et proposée comme une exception à y adjoindre, n'a

pas été prise en considération par le législateur,
car elle ne fait nul obstacle à ce que le créancier
n'exerce des poursuites, à ce qu'il ne fasse tous
actes conservatoires de son droit.

102. Il est d'autres causes, en général suspen-
sives de la prescription, qui tiennent à l'incapacité
des créanciers dont les actions sont soumises à la
prescription. Mais leur intérêt doit s'effacer toutes
les fois qu'il s'agit de prescriptions fondées sur
l'intérêt public ; d'ailleurs, il est de règle que les
courtes prescriptions peuvent être invoquées contre les incapables. En vertu de ces considérations
nous écarterons des causes de suspension de la
prescription de l'art. 64, celles qui se rattachent à
l'incapacité du créancier. — Notons un cas spécial
où les cinq ans ne courront pas du jour de la dissolution *erga omnes* de la société : c'est celui où
un associé se retire, la société continuant entre les
autres associés. Le jour de sa retraite est pour cet
associé le jour de la dissolution de la société :
aussi est-il admis qu'après 5 ans révolus depuis la
publication de cette retraite, il sera complètement
libéré.

103. La question de savoir si l'art. 64 est applicable au cas où la société a été mise en faillite,
doit être résolue négativement par la raison pé-
remptoire que les conditions requises par cet art.
ne sont pas remplies par la simple mise en faillite
de la société. Cet art. exige en effet que la société
ait été dissoute, et nous avons admis que la disso-

lution et la liquidation qui la suit étaient de tout point distinctes de la faillite. — On a prétendu fonder cette même solution sur ce que en cas de faillite il n'y a plus de biens sociaux sur lesquels les créanciers puissent se pourvoir. Ne serait-ce pas là une erreur ? La faillite ne peut-elle pas avoir lieu même lorsque l'actif de la société est de beaucoup supérieur à son passif ? Dès lors, les créanciers une fois payés, le reliquat ne constitue-t-il pas véritablement un bien social ? — Pour repousser l'application de l'art. 64 au cas où une société a été mise simplement en faillite, il suffira donc de s'en tenir au texte de cet art. qui exige la dissolution de la société pour produire effet, et de constater que d'ailleurs, il y a une contradiction pour ainsi dire palpable entre les motifs qui d'une part ont présidé à l'organisation de la faillite, et les motifs qui d'autre part ont fait accorder aux associés le bénéfice de l'art. 64 : celui-ci est fait pour sauvegarder le crédit des associés, et que sauvegarderait-il, dans notre hypothèse, puisque déjà ce crédit est anéanti par la faillite ?

104. Est-il besoin de dire que, les associations en participation n'existant pas au regard des tiers, leurs membres ne peuvent pas exciper de la prescription de l'art. 64 ? — Quant aux sociétés civiles à formes commerciales, elles sont en principe assimilables aux sociétés commerciales quant à leurs engagements à l'égard des tiers, et c'est pourquoi nous pensons qu'elles rentrent dans l'application de l'art. 64, c. Comm.

CHAPITRE X.

DROIT COMPARÉ.

——— ❦ ———

105. Avant que de parcourir rapidement les dispositions que les législations étrangères contem-
poraines ont consacrées à la liquidation des sociétés, il est bon de rappeler que le principe de la
continuation de la société jusqu'au règlement
définitif de ses opérations date déjà de longtemps,
et que la Rote de Gênes l'avait elle-même confir-
mée. (Straccha, Decis. 71, n° 7). Notons aussi que
dans le droit ancien, on avait reconnu la nécessité
de publier la dissolution de la société pour lui faire
avoir effet à l'égard des tiers, et le pouvoir pour
le gérant d'obliger la société même après sa dissolution par la continuation des opérations sociales
(Casarégis, Disc. 39, n°s 15-17, 24, 26).

106. Nous nous reprocherions également de ne pas parler du projet de titre *des Liquidations* élaboré avec tant de soin par le Tribunal de Commerce de Lyon, lors de la préparation du Code de Commerce. Le premier caractère de ce projet que nous ayons à relever, c'est l'étroitesse de ses dispositions, le peu de latitude laissé à la libre action des parties, point si important pour l'extension et la prospérité du commerce. C'est ainsi que la liqui‑dation paraît ne pouvoir être faite que par l'un ou plusieurs des associés, que la caution est exigée du liquidateur, que l'emploi des fonds par le liquidateur y est minutieusement réglé, et qu'il ne s'y agit surtout que des sociétés de personnes. Mais par contre, de sages mesures y étaient ordonnées pour assurer la bonne marche de la liquidation : la confection d'un inventaire signé par tous les associés, la communication tous les trois mois à chaque associé d'un état de situation de la liquidation, l'approbation du dernier état, et la décharge finale accordée au liquidateur. Des points de droit très délicats y étaient tranchés, qui avaient au moins l'avantage de prévenir les différends ; de plano, la liquidation était accordée au premier nommé dans la raison sociale, sauf recours à la justice, maîtresse, en dernier ressort, de désigner le liquidateur ; le droit était reconnu aux associés non liquidateurs de venir consulter et vérifier les livres et les documents du com‑merce ; la responsabilité du liquidateur à l'égard

des associés était précisée. Mais il est à noter que les pouvoirs du liquidateur n'étaient pas suffisamment exprimés, et cette critique n'est pas sans importance.

107. Ce que le Tribunal de Commerce de Lyon avait désiré vainement pour la France, fut réalisé par les législateurs étrangers chacun pour son pays. Ils comprirent en effet l'intérêt impérieux qui s'attachait à la réglementation des liquidations, toujours difficiles et si fécondes en procès. Nous allons brièvement analyser leurs dispositions sur ce sujet.

108. *Allemagne*. Cette législation délimite bien les fonctions et les pouvoirs du liquidateur ; elle lui donne en général les pouvoirs que nous-même lui avons reconnus ; comme nous, elle lui intime de réaliser en argent l'actif social (v. suprà), mais elle ne lui permet de vendre les immeubles qu'aux enchères publiques. Elle déclare nulle toute restriction des pouvoirs du liquidateur, à l'égard des tiers ; cela se comprend, car si la gestion d'une société, l'exploitation de son commerce comporte une mesure plus ou moins restreinte, il n'en est pas de même de sa liquidation que l'on peut considérer comme une sorte d'abusus du patrimoine social. — Elle enjoint au liquidateur de répartir entre les associés les sommes disponibles, ce qui, pour nous, est une extension de son mandat. — Elle contient une disposition plus claire et plus logique que

notre art. 64 ; les actions contre un des associés, liquidateur ou non, à raison d'obligations de la société,
se prescrivent par cinq ans, et après les cinq ans
les créanciers sociaux n'ont plus de droit que sur
l'actif social encore indivis. art. 137-147.

109. La loi *Belge* sanctionne expressément la
survie de la société à sa dissolution pour sa liquidation, et exige que toute pièce émanée d'elle
mentionne son état de liquidation. — Elle admet
dans tous les cas la souveraineté de la majorité
des associés, et à défaut, celle de la justice, quant à
l'organisation de la liquidation. Quant aux sociétés de personnes, nul doute qu'il n'y ait là
une *inelegantia juris*, motivée sinon par la nécessité, au moins par une grande utilité pratique.
— *De plano*, s'il n'y a pas d'autres liquidateurs
nommés, les gérants ou administrateurs en ont les
attributions : à l'égard des tiers même observation
à faire. — Les liquidateurs ont des pouvoirs très-
larges, mais l'autorisation de l'assemblée générale
leur est nécessaire, notamment, pour continuer les
affaires sociales, et pour racheter les actions de la
société à la Bourse. — Ils doivent payer proportionnellement et sans distinction les dettes exigibles ou non exigibles de la société : c'est là à notre
sens une assimilation exagérée du liquidateur avec
le syndic d'une faillite, de même que nous ne
comprenons guères la disposition qui rend le
liquidateur responsable de l'exécution de son mandat à l'égard des tiers. — Les liquidateurs doi-

vent donner un état annuel de la liquidation ;
celle-ci terminée, il y aura une assemblée générale
pour recevoir le compte du liquidateur, et une
autre pour l'approuver ; enfin sa clôture sera publiée : nous n'avons qu'à applaudir. — La prescription de cinq ans s'applique aux actions contre
les associés, et aussi aux actions contre les liquidateurs, en cette qualité. — Art. 111-121, 127.

110. Le Code *Italien* n'est pas très prolixe sur
notre matière ; quant à la prescription de cinq
ans, il en restreint l'effet à l'obligation solidaire de
tous les associés, et encore les associés peuvent-ils
être poursuivis, postérieurement à ce délai de
cinq ans, à concurrence de leurs apports. — Il
leur enlève expressément ce bénéfice en cas de
faillite. — Les liquidateurs qui ont payé les dettes
sociales de leurs propres deniers ne peuvent
exercer contre les associés plus de droits que les
créanciers eux-mêmes : ce n'est que leur conserver
l'avantage de la prescription, art. 172-176. —

111. — Le projet sénatorial italien est plus
précis sur la nomination et les pouvoirs du liquidateur. Pour la nomination, il exige l'unanimité des
associés, sinon c'est à la justice qu'elle revient.
Ses pouvoirs sont aussi larges que possible pour
tout ce qui se rapporte à la liquidation, sauf pour
la vente à l'amiable des biens sociaux et l'hypo-
thèque qui nécessitent l'autorisation du tribunal
du commerce, ou bien une clause spéciale permis-
sive insérée dans le contrat de société, ou dans

l'acte de nomination du liquidateur. art. 195, 201-
204.

112. Le projet *Suisse* a ceci de particulier
d'abord qu'il autorise expressément le liquidateur
à entreprendre de nouvelles opérations pour en
terminer d'anciennes encore pendantes. Emprunté
à plusieurs législations, et bien ordonné, il a le
mérite de la clarté et de la précision. Notons qu'il
prive du bénéfice de la prescription l'associé qui
a repris la suite des affaires en se chargeant
de l'actif et du passif de la société. Quant aux
sociétés anonymes, l'actif social ne peut être
réparti entre les associés que un an après la
dernière des trois publications auxquelles est soumise la dissolution.

113. Terminons par la loi *Anglaise* qui régit
minutieusement la liquidation. Chose capitale, la
société n'est dissoute qu'après la liquidation
terminée, pour mieux dire, qu'un mois après l'enre-
gistrement de l'approbation du compte de liquidation. Au point de vue pratique on en saisit de
suite les immenses avantages ; au point de vue
théorique, cette disposition nous parait également
bonne. Après tout, la personnalité des sociétés
n'est qu'une fiction ; sa mesure doit donc résider
dans les intérêts qu'elle sauvegarde ; pourquoi,
alors que l'on donne à un ascendant le droit de
partager son patrimoine entre ses futurs ayants
cause et qu'on favorise l'exercice de ce droit, ne
pas reconnaitre cette faculté aux sociétés, et ne

pas la leur attribuer dans tous les cas, leur vie se prolongeant au gré de la loi, leur créatrice. — La loi anglaise distingue trois modes de liquidation ; dans le premier, c'est la seule volonté des parties qui s'applique ; mais tout créancier ou tout associé appelé à faire un versement peut demander à la Cour de justice de contrôler les opérations de la liquidation, c'est le second mode ; le troisième est à proprement parler une liquidation judiciaire.

114. Ici finit notre tâche. Nous avons moins consulté nos forces, pour l'entreprendre, que nous ne nous sommes laissé séduire par son originalité et sa difficulté même. Sans doute, notre audace, à elle seule, ne pouvait suffire à nous assurer le succès : aussi ne lui demanderons-nous que de mériter à nos efforts une plus grande indulgence.

POSITIONS

———

DROIT ROMAIN.

———

I. Au cas de silence des parties, la société se partage par portions viriles. Nᵒˢ 65-67.

II. L'action Pro Socio ne sanctionne même entre associés que le contrat de société et ses clauses accessoires. Nᵒ 14.

III. La liquidation et le partage d'une société ne nécessitent pas fatalement l'exercice successif de l'act. Pro Socio et de l'act. Communi dividundo. Nᵒˢ 71 et 72.

IV. Le bénéfice de compétence n'était pas réservé aux associés omnium bonorum. Nᵒ 51.

V. Il ne pouvait être invoqué que par le défendeur à l'action Pro Socio. N° 53.

———

DROIT FRANÇAIS.

———

DROIT COMMERCIAL

I. La nomination du liquidateur peut être faite par la majorité des associés, dans les sociétés anonymes. N° 31.

II. Une société en faillite peut être mise en liquidation. N° 18.

III. Le liquidateur d'une société anonyme peut être nommé dans le contrat de société lui-même. N° 26.

IV. La prescription de l'art. 64 s'applique aux commanditaires et aux actionnaires comme aux associés en nom collectif. N° 95.

V. Le droit des associés est purement mobilier jusqu'au jour du partage.

VI. Les fondateurs et administrateurs d'une société anonyme dont la faute a causé la nullité de la société ne sont pas tenus de la totalité des dettes sociales.

DROIT CIVIL

I. L'héritier concordataire ne doit à ses cohéritiers que le rapport du dividende fixé par le concordat.

II. La décision du conseil de famille relative au consentement au mariage du mineur est susceptible d'appel.

III. L'ascendant donateur n'a aucun droit de retour sur l'immeuble acquis en échange de l'immeuble donné.

DROIT COUTUMIER

Le droit de maisneté, tel qu'il est organisé dans la coutume de Cambrésis ne tire pas son origine des principes féodaux.

DROIT CRIMINEL

I. Le lieu de détention n'est pas à lui seul attributif de compétence.

II. Le plaignant étranger est tenu à caution même si le prévenu est un étranger.

DROIT ADMINISTRATIF

I. La délibération, par laquelle un conseil général vote la concession d'un chemin de fer d'intérêt local est susceptible d'être attaquée pour excès de pouvoir.

II. La déclaration d'utilité publique nécessaire pour l'établissement d'un chemin de fer d'intérêt local peut être refusée par le gouvernement.

Vu par le Doyen.   Vu par le Président de la Thèse,

Signé : BEUDANT.   *Signé* : RATAUD.

Vu et permis d'imprimer.

Le Vice-Recteur de l'Académie de Paris.

Signé : GRÉARD.

TABLE DES MATIÈRES

DROIT ROMAIN.

Partage des sociétés.

DROIT FRANÇAIS

Liquidation des sociétés commerciales.

Cambrai. — Imp, veuve Carion et C.

www.ingramcontent.com/pod-product-compliance
Lightning Source LLC
Chambersburg PA
CBHW071906200326
41519CB00016B/4517